Rauhnächte – eine magische Reise zu dir selbst!

Möge die Reise durch die Rauhnächte dir noch mehr Selbsterkenntnis bringen, damit du deine Herzenswünsche erkennst und sie auch voller Leichtigkeit in dein Leben bringst. Diese Reise soll dir überdies helfen, dein nächstes Jahr in Frieden und voller Leichtigkeit zu starten – zum deinem und zum Wohle der ganzen Gemeinschaft.

Rauhnächte

STARTE

GLÜCKLICH UND VOLLER FREUDE

INS NEUE JAHR!

Dieses Buch hilft dir, die Rauhnächte sowie die dazu passenden Rituale und Werkzeuge für dich zu nutzen, um deine ganz eigene, individuelle Reise auf diesem Planeten voller Frieden und Freude zu gehen.

Überarbeitete Auflage 2023

Made in Austria with Love for you!

Bad Gleichenberg, A-8343
Umschlaggestaltung: Alexa Kim
Lektorat: Alexandra Eryiğit-Klos – www.fast-it.net
Text und Grafiken: Michaela Lamprecht (www.canva.com)
Layout: Michaela Lamprecht
ISBN: 978-94037165-8-9

Hinweis: Das vorliegende Buch ist sorgfältig erarbeitet und recherchiert worden. Vieles davon entstammt mehreren absolvierten Ausbildungen in den verschiedensten Bereichen sowie eigenen Erfahrungen. Dennoch erfolgen alle Angaben ohne Gewähr. Als Autorin kann ich für eventuelle Nachteile oder Schäden, die aus den Inhalten in diesem Buch resultieren, keine Haftung übernehmen. Ich bin mir jedoch sicher, dass die Lektüre dieses Buches zu niemandes Nachteil gereichen wird – ganz im Gegenteil!
Ätherische Öle sollten niemals innerlich eingenommen oder unverdünnt auf die Haut aufgetragen werden (außer in Begleitung eines Therapeuten)!

Widmung

Dieses Buch widme ich meinen Kindern Nico, Laura, Marcel, Marlon und Noah. Ich bin sehr glücklich und dankbar, dass ihr mein Leben Tag für Tag bereichert und mir immer wieder neue Lernaufgaben auf meinem Weg mitgebt.

In Liebe Mama

Das alte Jahr ist fast vorüber,
an die Momente still ich
denk', an die guten und die
schlechten denn jeder
Moment ist ein Geschenk.

Constanze Paula Hoffmanna

Exklusiver Buchbonusbereich nur für dich

Liebe Rauhnächtlerin,

ich habe dieses Buch mit Herzblut geschrieben und möchte dir noch mehr bieten als die gedruckten Seiten.

Deshalb habe ich einige besondere Geschenke für dich zusammengestellt:

- Eine liebevoll erstellte PDF, die dich auf die Rauhnächte vorbereitet, beginnend mit den Sperrnächten am 8. Dezember.
- Eine sorgfältig recherchierte Sammlung von Ritualen und Bräuchen, speziell für alle, die alte Riten und Traditionen lieben und die Rauhnächte in ihrer ursprünglichen Tiefe erleben möchten.

Und das ist nur der Anfang!
Es gibt noch so viel mehr zu entdecken. Ich lade dich herzlich ein, in meinen Bonusbereich einzutauchen und dich von den Überraschungen inspirieren zu lassen.

Nutze für den Einstieg das Passwort: MAGISCH

Du findest diese Geschenke auf der Bonus-Seite zum Buch unter:

https://michaelalamprecht.at/buchbonus-rn

Ich wünsche dir viel Freude beim Lesen und bei deiner Umsetzung auf dem Weg zu dir!

In Verbundenheit
Michaela

Inhaltsverzeichnis

UMSETZUNG

SERVICE

Vorwort

Gedanken an dich

Vorwort

Die Zeit der Rauhnächte ist eine wundervolle Möglichkeit, sein altes Jahr in Frieden abzuschließen, Dinge aufzuarbeiten und loszulassen und sich Neuem zu öffnen. Viele Menschen und vor allem Frauen widmen sich in dieser Zeit der Innenschau und den althergebrachten sowie neuen Ritualen, um diese ruhige und magische Zeit zu nutzen.

Als ich vor einigen Jahren in die Thematik einstieg und damit begann, diese Zeit für mich zu nutzen, hatte ich es anfangs mal ganz streng nach Plan versucht und bin des Öfteren aus meinem Alltag „ausgestiegen". Ich habe mit der Zeit immer wieder ein paar Dinge verfeinert, variiert und meinen für mich stimmigen Weg gefunden, der sich auch immer wieder mal verändert. Was jedoch immer das Gleiche war: Ich habe mich bewusst mit mir und meinem Leben beschäftigt, ich habe mir Raum geschenkt, mich Neuem geöffnet und aus dem Sammelsurium von Möglichkeiten immer wieder das herausgepickt, was mir gerade in den Sinn kam, eben nicht zu dogmatisch.

In diesem Buch habe ich sehr viel an Möglichkeiten und Impulsen hineingepackt für diese wunderbare Zeit und ich wünsche dir, dass du dir, so wie ich, jedes Jahr etwas, das sich für dich gerade richtig anfühlt, herauspickst. Das Schönste und wohl Wichtigste dabei: Finde deinen eigenen Weg für deine Zeit der Rauhnächte, egal ob mit Räuchern oder ohne. Ob du nun lieber die ätherischen Öle, Räucherwerk, Kristalle, Orakelkarten... oder nur die Beobachtungsfragen und keine Journalfragen verwendest – alles ist gut und richtig, solange es sich für dich leicht anfühlt.

Ich wünsche dir ganz viele Erkenntnisse und Erfahrungen für diese wundervolle Zeit. Möge dein inneres Licht vollkommen erstrahlen.
Viel Spaß und Freude mit diesem Buch und all seinen Impulsen.

Rauhnächte

Eine magische Zeit

Die Rauhnächte

GEDANKEN ÜBER DIE ZEIT DER MAGIE

Hast du auch schon mal, wenn du ganz leise und still mit dir warst, die Zeit zwischen dem Jahreswechsel intensiv gespürt und das Gefühl gehabt, alles steht still und fühlt sich wie Magie an? Wenn du einmal besonders bewusst die Zeit wahrnimmst und dich dafür öffnest, wirst du es erkennen. Vielleicht spürst du es bei einem Spaziergang durch die ruhige Winterlandschaft, wenn alles zurückgezogen ist und sich besinnt. Das ist die Zeit der Einkehr, der Besinnung und der Liebe.

Du wirst in diesem Buch erfahren, wie du speziell diese Zeit für dich persönlich nutzen kannst und sie zum Leben erweckst als deine Zeit, um dein Leben und dich zu erkunden und dich für die Magie der Energien zu öffnen. Wenn du diese Zeilen jetzt liest, bin ich mir sicher, du bist auf der Suche nach einer Möglichkeit, diese so magische Zeit für dich zu nutzen und mehr über die Rauhnächte und ihre Magie zu erfahren.

Das freut mich sehr, denn auch ich war vor Jahren an diesem Punkt und habe angefangen, mich dem Thema zu öffnen. Seit einiger Zeit nutze ich diese Magie zwischen den Zeiten für mich, manchmal intensiver, manchmal weniger intensiv, ganz so, wie es sich für mich richtig anfühlt. Und glaube mir, es lohnt sich, die Rauhnächte für sich als einen Übergang zu zelebrieren, als ein Loslassen, ein Sich-neu-Sortieren und Sichöffnen für die eigenen Herzenswünsche.

Du kannst die Rauhnächte aber auch für eine ganz bestimmte Vision nutzen, die du im Herzen trägst. Hier in diesem Buch geht es eher darum, die Rauhnächte zu zelebrieren und Impulse zu bekommen, die dir helfen, dein Jahr in Frieden abzuschließen, dich von allen Energien zu befreien, die dir nicht mehr dienlich sind, und deine Wünsche und Träume zu neuem Leben zu erwecken, um mit Leichtigkeit und Freude ins neue Jahr überzugehen.

Egal für welche Thematik du diese Zeit nutzt, eines ist sicher: Du bist einer der wenigen Menschen, die sich dafür öffnen, mehr zu erfahren und sich Zeit zu nehmen für diese wundervolle, magische Zeit. Darauf kannst du stolz sein. In unserer heutigen Zeit ist es oft so, dass wir von der Masse getrieben werden und nur auf das ausgerichtet sind, was uns durch Medien und unbewusstes Handeln vorgelebt wird.

Alles MUSS gemacht werden.
Kennst du das auch?

Geschenke besorgt, Kuchen gebacken, Weihnachtsfeiern besucht, die Wohnung geschrubbt und neue Deko besorgt. So viele Menschen sind dadurch in dieser Zeit gehetzt und getrieben. Dabei ist diese Zeit eigentlich die Zeit der Besinnung, der Einkehr und des Loslassens, des Reinigens und des Neubeginns. Und glaub mir: All diese Dinge wie Geschenke, Kuchen, Weihnachtsfeiern, Wohnung putzen etc. sind auch ein Teil der Rauhnächte und entspringen dem, was sie und ihre Rituale mitgeben möchten – aber eben auf eine ganz bestimmte und bewusste Art und Weise.

Ich möchte dir dazu etwas als Vergleich mitgeben. In der heutigen, schnelllebigen Zeit schrubbt und putzt man häufig die Wohnung in der Weihnachtszeit, damit alles schön aussieht und die Wohnung dann zum Weihnachtsabend in vollem Glanz erstrahlt – wir verrichten den sogenannten „Weihnachtsputz". In der Regel tun wir das, damit alles in vollem Glanz erstrahlt und die Verwandtschaft, wenn sie auf Besuch kommt, sich freut, wie schön und sauber doch alles ist. Und natürlich ist es auch wohltuend für die eigene Seele, wenn man die wunderschön aufgeräumte Wohnung genießt.

Doch wenn du einmal in dich gehst, ob es tatsächlich das ist, was wichtig ist, wirst du merken: Da steckt ein anderer, ein tieferer Sinn dahinter! Und zwar das Ausmisten und das Loslassen.

Wir sollten nicht nur deshalb einen „Weihnachtsputz" machen, um es äußerlich schön zu haben, sondern vielmehr, um uns von dem zu trennen, was uns innerlich nicht mehr guttut. Bewusst die Energien loslassen und transformieren, die uns auf unserem Weg nicht mehr dienlich sind. Dinge, die unser Herz nicht mehr erwärmen und die nicht mehr zu uns gehören, in Dankbarkeit verabschieden. Das ist der eigentliche Grund eines Weihnachts- oder Frühjahrsputzes.

Ich persönlich nutze die Weihnachtszeit nur grob, um im Haus Ordnung zu schaffen, vielmehr sortiere ich meine Gedanken und lasse los, was mir nicht mehr dienlich ist und was sich „schwer" anfühlt. Mit dem Räuchern mache ich es sehr bewusst und überdenke dabei meine Handlungen und Gedanken. Den Frühling nutze ich dann auch, um Räume zu säubern und Dinge loszulassen, um Kästen frei zu machen und zu reduzieren. Das bringt dann noch mehr Leichtigkeit ins Leben und kann unendlich heilend sein.

Du merkst schon: Es gibt zahlreiche Möglichkeiten, die Rauhnächte und die stille Zeit für sich zu nutzen; es hängt ganz von dir ab, was sich für dich persönlich am besten anfühlt. Dein Herz kennt den Weg und der erste Impuls ist meist der richtige – danach schaltet sich in den meisten Fällen sofort der rationale Verstand ein. Das Wichtigste, was ich dir mittels dieses Buches mitgeben möchte. ALLES KANN, ALLES DARF, NICHTS MUSS. Denn wenn du etwas tust, weil du es tun musst oder weil du das Gefühl hast, dass es dir von außen aufgezwungen wird, oder wenn du meinst, du müsstest etwas tun, um perfekt zu sein, dann bist du mit der falschen Energie dabei – und das macht einen großen Unterschied! Mach nur das, was sich für dich gut und leicht anfühlt. Mach nur so viel, wie es für dich leicht machbar ist. Denn wenn es sich schwer und getrieben anfühlt, dann ist es nicht richtig. Verliere das nie aus dem Blick.

Wir Menschen sind zu kopflastig. Wir denken über die Dinge nach, wenn es darauf ankäme, sie zu spüren.
Anselm Grün

Lass dich von den Dingen in diesem Buch inspirieren und picke dir das heraus, was dir guttut und was dich anspricht. Frage dich dabei immer: Wie fühlt sich das für mich an? Ist es ein Gefühl von Leichtigkeit und sogar Freude? – Dann mach es! Wenn es sich hingegen so anfühlt, als wäre es schwer, dann lass es einfach, denn dann passt es momentan nicht für dich und gehört (noch) nicht zu deinem Weg.

Vielleicht passt es später einmal oder vielleicht auch gar nicht. Achte auf dich und dein Herz. Und erschaffe dir deine eigenen Rituale, die sich für dich persönlich gut und leicht anfühlen, falls das, was ich dir hier als Impulse weitergebe, nicht für dich passt.

Diejenigen, die das Buch „Bring mehr Happy in dein Leben“ von mir gelesen haben, wissen, dass ich gerne tiefgehende Fragen verwende; sie führen dich in deine Welt – weg von dem, was du im Außen glaubst, hin zu deiner eigenen Wahrheit. In diesem Buch wirst du viele solcher Fragen finden. Manche werden sich sinnhaft wiederholen und sind nur etwas anders formuliert, aber alle führen dich ins Licht und zeigen dir dein persönliches Potenzial auf. Nutze sie, aber überfordere dich nicht damit.

Noch ein kleiner Tipp: Nutze diese Fragen auch im Verlauf des Jahres – vielleicht passend zu dem jeweiligen Monat, für den die Rauhnacht steht. Kehre in dich und denke darüber nach, was die Fragen dir zu sagen haben. Wer weiß, vielleicht verbirgt sich hinter einer oder mehrerer dieser Fragen genau dein Weg.

Die Stille stellt keine Fragen, aber sie kann uns auf alles eine Antwort geben.
Ernst Ferstl

Ich wünsche dir viel Freude mit diesem Buch und noch viel mehr bei der Umsetzung der Impulse und Anregungen, die du darin findest. Falls du diese magische Zeit nicht allein, sondern mit einer Gruppe von Gleichgesinnten durchlaufen möchtest, dann tu das. Finde eine Gruppe oder Freundinnen, die mit dir in der Zeit verbunden sind. Bestimmt kennst du das: Wenn viele Menschen gemeinsam an einer Sache dran sind und ihr Bewusstsein darauf richten, erhöht sich die Energie im morphischen Feld.

DIE ZWÖLF RAUHNÄCHTE: EINE MAGISCHE ZEIT

Die Zeit der Rauhnächte ist magisch. Weil sie laut Mondkalender nicht existieren, sagt man, dass die Gesetze der Natur in diesen Tagen und Nächten außer Kraft gesetzt und die Tore zur mystischen, spirituellen Welt weit geöffnet sind.

Die Verbindung zu unseren Ahnen ist während der Rauhnächte greifbarer. Viele Menschen besuchen ihre Vorfahren auf dem Friedhof, andere entzünden eine Kerze für die Toten, wieder anderen erscheinen sie nachts in ihren Träumen oder blühen in alten Erinnerungen auf. Ob bewusst oder unbewusst, die Energien der Ahnen sind während der Rauhnächte spürbar. Ebenso verhält es sich mit den Energien des Neuanfangs, diese sind viel intensiver zu spüren.

Die zwölf Rauhnächte symbolisieren nicht nur die zwölf Monate eines Jahres, sondern stehen auch für die Zeit, in der die Grenzen zwischen dem Jenseits und dem Diesseits verschwimmen. Die Zahl Zwölf ist die Differenz zwischen dem Mondjahr, das aus 354 Tagen besteht, und dem Sonnenjahr, das 365 Tage zählt. Dazwischen gibt es elf Tage beziehungsweise zwölf Nächte, die sich außerhalb unserer Zeit, also in einer Art Zwischenwelt befinden. Diese Tage werden als die Nächte zwischen den Jahren genannt und einem Mythos zufolge sind an diesen Tagen die Kräfte der Natur außer Kraft gesetzt und die Tore zu einer anderen Welt stehen offen. In dieser Zeit haben Lichtwesen, Geister, Engel, verstorbene Seelen und andere übernatürliche Gestalten freien Zugang zu unserer Welt und umgekehrt.

Man spürt die Rückbindung zur Natur, und in diesen Tagen erscheinen uns die Träume noch intensiver. Wir können uns mit Ritualen wie Räuchern, Feuerzeremonien und anderen Zeremonien auf das vorbereiten, was in den nächsten 12 Monaten kommen wird. Das Räuchern in dieser Zeit, welches ein sehr alt verwurzeltes Ritual ist – die Kombination aus Duft und Rauch – löst unmittelbar Gefühle in uns aus. Für besonders sensible Menschen, die den Rauch nicht so gut vertragen, gibt es die Möglichkeit, auf ätherische Öle zurückzugreifen, die ebenfalls im feinstofflichen Bereich wirken.

Die 12 Rauhnächte ergeben sich aus den letzten 6 Tagen (Nächten) des alten Jahres und den ersten 6 Tagen des neuen Jahres. Somit finden die Rauhnächte vom 25. Dezember bis zum 6. Jänner statt.
Es gibt eine Variante, bei der diese magischen Nächte bereits am Vorabend zum 21. Dezember beginnen – also zur Wintersonnwende.

Wenn du das Gefühl hast, du möchtest lieber am 21. Dezember mit der 1. Rauhnacht beginnen, dann ist das für dich der richtige Tag. Ich persönlich fange immer vom 24./25. Dezember an und in diesem Buch sind die Tage auch so eingeteilt. Jedoch wird der 21. Dezember, die Thomasnacht, oft als Einstieg genutzt, vor allem zum Reinigen der Räume und für eine Feuerzeremonie. Fängst du am 21. Dezember an, beginnst du an diesem Tag mit der 1. Rauhnacht und gehst die Tage einfach früher durch.

Welche Variante nun richtig ist, da scheiden sich die Geister; vorteilhaft bei jeder Variante ist der Abend des 21. Dezembers, denn da kann man sein Haus oder seine Wohnung gründlich mit Ritualkräutern durchräuchern. Diese Räucherung vertreibt „böse Geister“, damit sie in dieser heiligen Zeit nicht stören können.

Die Rauhnächte wirken sich auf das ganze kommende Jahr aus, begehen wir diese Zeit also wachsam und achtsam. Du selbst bist die Schöpferin deines Schicksals und dafür verantwortlich, welche Weichen du in den Nächten deines zukünftigen Schicksals stellst.

Wenn du mit dir oder deinem Leben unzufrieden bist, versuche, dankbar für diese Signale zu sein. Kehre in diesen Nächten bewusst in dich, erkenne, was du ändern möchtest, schließe Frieden mit dir und lasse deine Last(er) im vergangenen Jahr.

Bei unseren Vorfahren waren die Rauhnächte heilige Nächte, in denen möglichst nicht gearbeitet, sondern nur gefeiert und in der Familie gelebt wurde.

DIE WICHTIGSTEN RAUCHNÄCHTE

21./22. DEZEMBER: DIE NACHT DER WINTERSONNENWENDE, DIE ZUGLEICH DIE LÄNGSTE NACHT DES JAHRES IST UND AUCH THOMASNACHT GENANNT WIRD.

24./25. DEZEMBER: DER HEILIGE ABEND, DER IN DIE CHRISTNACHT ÜBERGEHT, IST EBENSO EINE BEDEUTSAME RAUHNACHT.

31. DEZEMBER / 1. JÄNNER: SILVESTER, DIE NACHT, IN DER DAS NEUE JAHR EINGELEITET WIRD.

5./6. JÄNNER: DIE NACHT DER ERSCHEINUNG DES HERRN ODER DREIKÖNIGSNACHT.

Rituale

und hilfreiche Begleiter

Rituale und hilfreiche Begleiter

RITUALE DER RAUHNÄCHTE

Loslassen und Vergeben

Das alte Jahr loslassen, das neue begrüßen! Schreibe alles, was dich im alten Jahr gestresst oder dir Sorgen bereitet hat, auf. Notiere dir, was dich jetzt schon mit sorgenvollen Gedanken erfüllt, wenn du an das neue Jahr denkst. Verbrenne diesen Zettel als Rauhnacht-Ritual in einer Feuerschale. Während des Verbrennens richte deine Aufmerksamkeit auf die Dankbarkeit für all diese Erfahrungen, die du gewonnen hast, dann lass die Schwere deiner Emotionen in Liebe und Frieden gehen.

Meditieren

Suche dir einen Meditationsplatz! Die passende Umgebung hilft dir beim Innehalten. Das kann eine kleine Ecke in der Wohnung sein, die liebevoll mit Kerzen oder Blumen geschmückt wird. Dein persönlicher Kraftplatz. Hier kannst du das ganze Jahr über täglich fünf Minuten meditieren und zur Ruhe kommen.

Räuchern und Reinigen

Räuchern ist das älteste Ritual, um sich zum Jahresende für den Reichtum und die Fülle in der Natur zu bedanken. Nutze dieses Ritual, um deine Wohnung oder dein

Haus zu „klären“ und dich von den alten bösen Geistern zu reinigen. Mehr zu diesem Thema findest du als Geschenk auf der Downloadseite zu diesem Buch. Den Link findest du auf Seite 151.

„MeTime“-Zeiten in der Natur

Wer sich selbst näherkommen möchte, sollte auch Zeit in der Natur verbringen. Mache in der Zeit der Rauhnächte winterliche Waldspaziergänge. Sammle dabei Kleinigkeiten, die dir auf dem Weg begegnen, wie zum Beispiel Zweige, Blätter, Federn oder Rindenstücke. Das verbindet mit der Kraft der Natur und lenkt die Gedanken auf den Moment. Beobachte auch, welche Tiere dir begegnen, und schau im Netz, was sie für dich bedeuten könnten.

Entspannen und Besinnen

Nutze die stille Zeit im Jahr für einen inneren Rückzug. Das gibt dir die Gelegenheit, dich zu fragen, wonach dein Herz sich wirklich sehnt. Egal ob ein achtsames Teeritual oder ein Blick aus dem Fenster bei entspannender Musik, all das kann für Ruhe und Ausgeglichenheit sorgen – und noch viel mehr. Alles, was dem Stress entgegenwirkt, tut gut.

Journaling und Traumtagebuch

Die Tradition sagt, dass Träume in den Rauhnächten darauf hindeuten, was die Zukunft bringt. Egal ob du daran glaubst oder nicht: Lege dir ein Traumtagebuch neben das Bett und schreibe dir in der Früh auf, woran du dich erinnern kannst. Vielleicht passiert nichts weiter. Womöglich stößt du aber auch auf Wörter, die auf deine inneren Sehnsüchte hinweisen oder wichtige Fragen aufwerfen. Achte auch auf deine Tagträume und notiere dir alles, was dir in den Sinn kommt. Es könnten wichtige Impulse sein.

Wünsche formulieren – Visualisieren

Die Rauhnächte gelten als eine Zeit, in der wir unsere Wünsche aussprechen können. Widme dich deinem Innersten, deinen Gedanken und deinen Gefühlen. Denn diese haben einen Einfluss auf die äußere Welt. Nutze dazu auch das 13-Wünsche-Ritual auf Seite 27. Auch zu visualisieren und dich auf das auszurichten, was du im neuen Jahr erleben möchtest und wie du dich fühlen möchtest, sind ein Teil davon; deshalb eignen sich die Rauhnächte ebenfalls gut dafür, ein Visionboard zu gestalten.

„Vergänglichkeit ist das Merkmal eines jeden Umstandes, einer jeden Situation, auf die du treffen wirst. Alles wird sich verändern, es wird verschwinden oder es wird dich nicht länger befriedigen." - Buddha

Dankbarkeit

Eines der wohl wichtigsten Rituale, die in den Rauhnächten ihren Platz haben, ist die Dankbarkeit. Zum Loslassen und Vergeben gehört auch die Dankbarkeit. Dankbar und unglücklich, das geht nicht zusammen, weil der Fokus auf dem liegt, was man hat und was einen an Gutem umgibt, wenn man Dankbarkeit empfindet. Dafür kannst du dir einen Dankbarkeitsstein zulegen, der dich immer wieder daran erinnert.

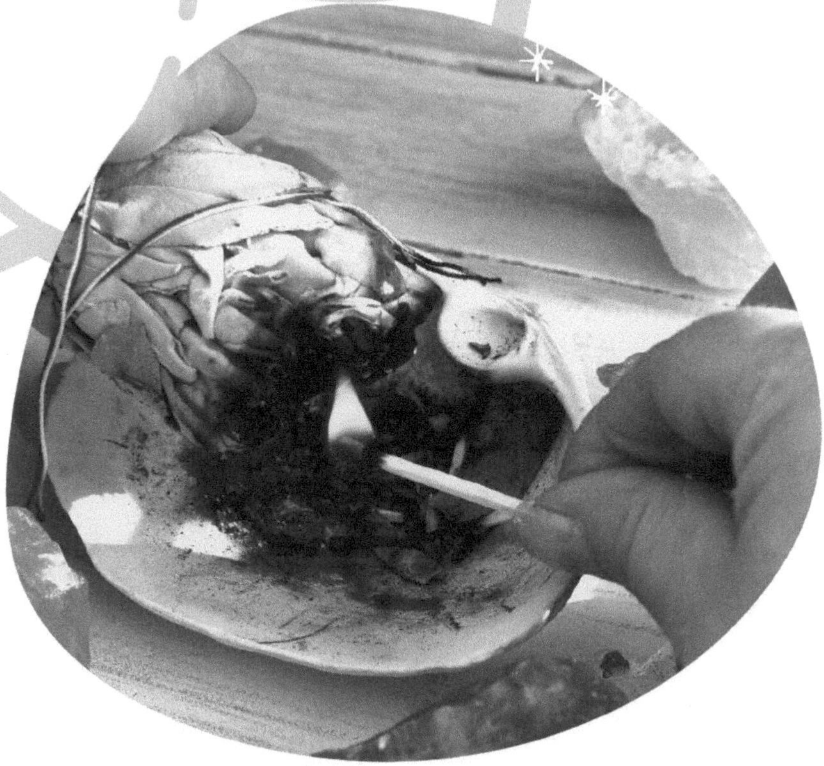

"YOUR SACRED SPACE IS
WERE YOU CAN FIND YOURSELF
AGAIN AND AGAIN."

Joseph Campbell

DEIN RITUALPLATZ – YOUR SACRED PLACE

„Your sacred space is where you can find yourself again and again."
– Joseph Campbell

Wenn du die Rauhnächte sehr bewusst und intensiv durchlaufen möchtest, kann es von Vorteil sein, dir einen Ritualplatz einzurichten oder, wenn du wenig Platz hast, die Utensilien für DEINE Zeit, die du mit dir verbringst, in einer schönen Kiste / in einem Korb zu verstauen und immer dann zu nutzen, wenn du dich mit dir, dem Universum und den besonderen Energien in den Rauhnächten verbindest.

Du magst spirituelle Dinge nicht so? Dann reicht auch eine Kerze, die dein Unterbewusstsein, wenn du immer wieder am selben Platz die Kerze entzündest und dein Buch öffnest oder dein Tagebuch nimmst, darauf einstimmt, dass es jetzt um dich geht. Es ist eine Art Anker für dein Unterbewusstes, eine immer wiederkehrende Handlung, die dir hilft, den Fokus mit der Zeit schneller auf dich zu lenken und das Außen mal auszublenden.

EIN HAUSALTAR ALS ANKER

Wenn du einen Platz zur Verfügung hast, dann richte dir in einem für dich besonderen Raum oder in einer Ecke einen fixen Altar ein. Ich weiß, „Altar" klingt etwas sonderbar und wir verbinden ihn sofort mit der Kirche; doch auch ohne religiös zu sein, ist die wesentliche Bedeutung des Altars heute aktueller denn je: Als persönlich geschaffener Platz ist er der ideale Ort, um in unserer schnelllebigen Welt gelassener, fokussierter und achtsamer zu werden.

Dabei ist es gar nicht so wichtig, was auf dem Altar steht oder womit er ausgestattet ist, ob mit Kerzen oder Buddha-Figuren; der Altar sollte schlichtweg dein ganz persönlicher Platz sein, der deine Seele erhellt. Es können auch Steine, Federn, Fotos von geliebten Menschen, Räucherstäbchen, Kristalle, Pflanzen, Dinge aus der Kindheit, Muscheln oder besondere Erinnerungsstücke sein. Je persönlicher und intuitiver dein Altar gestaltet ist, desto größer wird die Verbindung zu ihm sein und desto stärker auch seine positive Wirkung.

Ich habe einmal recherchiert und eine Erklärung von einem Verhaltenstherapeuten gefunden, was für eine Wirkung der Altar auf den Menschen hat. Herr Scharif Bahri, Facharzt für Psychiatrie und Psychotherapie mit eigener Praxis in Berlin, meint dazu: „Ein Altar kann dazu beitragen, uns vor psychischen Krankheiten zu schützen.“ Die meisten von uns stünden im Alltag unter Dauerstress, weiß er.

„Ein Ort, der persönlich, positiv und damit mit Sinn und Bedeutung und aufgeladen ist, wirkt dabei wie ein Schutzsystem fürs Gehirn.“ [1]

Was ein Altar von vielen anderen schönen Dingen unterscheidet, ist, dass er keiner „Versprachlichung“ bedarf, seine Wirkung entfaltet sich allein durch seine Symbolik. Und Symbole helfen uns wiederum, uns Zugang zu etwas zu verschaffen, ohne dass wir dafür zwingend Worte finden müssen.

„Konzepte wie Gott, Seele oder Glauben an sich sind nicht rational fassbar, aber sie finden durch einen Altar ihren Ausdruck. Und so lassen sich manchmal viel einfacher Probleme oder Ängste durcharbeiten“, erklärt der Experte. „Tatsächlich kann ein Altar etwas auslösen, initiieren. Das wiederum löst Stress und stärkt die psychische Abwehr, auch bekannt als Resilienz.“ Ist das erst einmal „einprogrammiert“, ist es schon ausreichend, nur den Blick hinzuwenden, um sich sofort besser zu fühlen.

---

1 Aus: stylebook.de

Indem wir uns genau anschauen, mit was für Symbolen wir unseren Altar gestaltet haben, erfahren wir etwas über uns selbst. Dieser Spiegel-Effekt kann äußerst aufschlussreich sein.

DAS MAGISCHE RITUAL DER 13 WÜNSCHE

Dieses Ritual ist allgemein sehr bekannt und hat auch etwas sehr Magisches an sich. Ich habe in den letzten Jahren die Rauhnächte selbst in der Gruppe einer Kollegin mitgemacht und dort eine etwas andere Art des Rituals kennengelernt, die ich dir hier gerne weitergeben möchte. Mit diesem etwas abgeänderten Ritual, das ich bei Katharina Thürer kennenglernt habe, kannst du den Fokus verstärkt auf deine Wünsche lenken, da du sie während der gesamten Rauhnächte täglich mit einer Intention energetisch auflädst und erst am Ende der Rauhnächte der Kraft des Feuers übergibst.

Dieses energetisch veränderte Ritual unterscheidet sich lediglich dadurch, dass du die Zettel nicht verbrennst, sondern zwei Schachteln verwendest, mit denen du täglich in Verbindung trittst. Jeden Tag legst du dann einen der Wunschzettel in die zweite Schachtel und am Ende der Rauhnächte verbrennst du dann alle gemeinsam, außer dem einen Wunsch, der übrig bleibt und den du dann selbst für dich erfüllst. Wenn es dich interessiert, schau doch auf die Downloadseite zum Buch, dort findest du einen Link zur genauen Beschreibung.

Im Anschluss findest du nun noch eine Anleitung zum 13-Wünsche-Ritual, wie es allgemein gehandhabt wird. Auch dies hat etwas sehr Magisches an sich, bedingt lediglich einen anderen Ablauf. Der Unterschied liegt im täglichen intuitiven Ziehen und Verbrennen der Wunschzettel. Auch hier hast du am Ende einen Wunschzettel, den du öffnest und den du dir dann selbst erfüllen sollst.

Aber lies die Anleitung dazu im Anschluss. Spüre in dich hinein und überlege dir, ob du dich deinen Wünschen lieber täglich mit Fokus und Liebe nähern möchtest und sie auf diese Weise noch intensiver mit deiner liebevollen Energie auflädst, bevor du sie verbrennst, oder ob du lieber die spielerische Variante wählst, indem du täglich ziehst und verbrennst. Beide Varianten sind wirksam und sinnvoll, vor allem dann, wenn du daran glaubst und deine Herzensenergie während der Umsetzung darauf lenkst.

DAS RITUAL DER 13 WÜNSCHE:

Du wählst 13 Wünsche für das neue Jahr. 13 Wünsche, die dir besonders am Herzen liegen. Höre auf dein Herz und wähle weise. Denn einen davon wirst du dir am Ende aktiv in dein Leben ziehen.
Diese 13 Wünsche schreibst du auf kleine Zettel. Falte sie so, dass der Text verborgen ist.

Wichtig dabei ist, dass du deine Wünsche positiv und in der Zeitform des Präsens formulierst.

Also nicht: „Ich will nicht mehr krank sein" oder „Ich will bzw. werde gesund werden", sondern: „Ich bin gesund" oder „Ich fühle mich in meinem Körper wohl und bin kerngesund". Schreib es so auf, wie es sich für dich gut anfühlt.
Die Zettel legst du dann behutsam in eine kleine Schachtel, in einen Beutel oder in ein Glas. Wenn du möchtest, kannst du deinen Behälter noch ein bisschen verzieren oder gestalten oder du besorgst dir eine Schachtel, die bereits verziert ist und die dein Herz berührt.

Am Abend des 1. Weihnachtstags ist es dann so weit!

Die Rauhnächte beginnen und du kannst nun einen deiner 13 Wünsche herausnehmen. Tu dies achtsam und mit Ruhe, immer zum Zeitpunkt deiner „MeTime", oder integriere es als fixes Ritual am Abend.

Falte den von dir gezogenen Zettel nicht auseinander, um den Wunsch darauf noch einmal zu lesen, sondern halte ihn einen Moment lang geschlossen in deiner Hand und werde still.
Spüre, dass da eine Besonderheit in dem liegt, was du nun tun wirst. Und sei dankbar für die Erfüllung deiner Herzenswünsche.

Dann übergib diesen Wunsch ans Universum, indem du deinen Zettel verbrennst.
Verweile noch einen Augenblick, so lange, wie es sich für dich gut anfühlt.

Dann lass los.

Dieses Ritual machst du nun an 12 aufeinanderfolgenden Nächten – vom Abend des 25. Dezember bis zum Abend des 5. Januar.

Am Ende bleibt einer deiner Wünsche übrig.

Nimm den Zettel, der übrig geblieben ist, und lies, was du darauf geschrieben hast. Für diesen Wunsch bist du zuständig. Es ist der Wunsch, dem du nun deine volle Aufmerksamkeit widmest und den du dir selbst erfüllst. Hier gilt es, den Wunsch umzusetzen und die ersten Schritte dafür einzuleiten.

DIE KRAFT DES FEUERS

Ein Feuerritual hat etwas ganz Besonderes, etwas Magisches. Es befreit. Es macht frei von Sorgen, Ängsten und alten Mustern. Es löst etwas in uns, was mit Worten nicht zu beschreiben ist.

Es ist eine sehr kraftvolle Zeremonie!

Die Kraft des Feuers wird vor allem sehr gerne im Schamanismus eingesetzt und geehrt, es dient dazu, loszulassen, abzugeben, um damit den Weg freizumachen, um Transformation möglich zu machen oder zu beschleunigen. Du kannst Dinge, Situationen, Energien loslassen, die du nicht mehr brauchst und die dich in deiner Entwicklung, in deinem Leben bremsen oder hindern.

Das Feuerritual ist besonders gut geeignet, um Vergangenes aus dem alten Jahr, das dir nicht mehr dient und das sich schwer für dich anfühlt, gehen zu lassen. Durch das Verbrennen von geschriebenen Worten, Briefen, Dokumenten, Fotos oder Gegenständen können wir uns z. B. von Situationen, Menschen, Mustern oder Glaubenssätzen energetisch lösen. Das kann wichtig sein, um „frei" zu werden, um dann befreit dem eigenen Seelenplan folgen zu können.

Du kannst eine große Zeremonie machen und in der Natur ein Feuer entzünden, sofern dies möglich ist; du kannst aber auch – statt eines Holzfeuers – einfach das Feuer einer brennenden Kerze dafür verwenden. Da ich den Vorteil habe, auf dem Land zu leben, nutze ich zum Loslassen liebend gerne das Feuer in der Natur, aber auch in meinen Räumen habe ich Kerzen, die ich anzünde, um mit einer Intention den Tag oder meine „MeTime" zu beginnen. Während dieser Verbindung zum Feuer kann man gedanklich loslassen, z. B. mit einem Satz wie: „Ich rufe den Geist des Feuers und bitte darum, alles, was nicht zu mir gehört, zu transformieren und zu verbrennen. Ich bin dankbar und glücklich darüber, jetzt frei zu sein von allem, was nicht zu mir gehört. Danke, danke, danke!“

Wenn du diesen oder einen ähnlichen Satz formulierst, achte darauf, dass du Worte dafür findest, die sich für dich gut anfühlen. Wenn du sie beim Entzünden der Kerze still oder auch gerne laut sagst, wirst du merken, dass sich etwas verändert. Am Ende kannst du noch eine Intention setzen und das, was du gerne verstärken möchtest, in den Raum holen mit den Worten: „Ich bin voller Leichtigkeit und Freude für meine ‚MeTime‘ – danke, danke, danke.“ Das ist nur ein Beispiel; sinnvoll ist es, das zu verwenden, was du persönlich gerade brauchst.

Aber vergiss bitte nicht: NICHTS MUSS, ALLES KANN!

DIE EINFACHE VARIANTE DES FEUERRITUALS

Du kannst das Ritual auch ganz einfach gestalten und nur in die Ruhe kommen, auf einen Zettel schreiben, was du gerne loslassen möchtest und von welchen Dingen du dich befreien möchtest. Anschließend verbrennst du diesen Zettel über einer Kerze oder im Feuer mit der Intention: „Ich lasse … los.“ Es liegt ganz bei dir, wie du es gestalten möchtest.

Wer dies noch verstärken möchte, kann die Asche entweder dem Wasser, dem Wind oder der Erde übergeben. Mehr über den Einbezug der Elemente bei diesem Ritual findest du auf Seite 34.

DIE FEUERMEDITATION – AUFLÖSEN IM FEUER

Für dieses Feuerritual brauchst du keine zusätzlichen Hilfsmittel – außer dein Bewusstsein und deinen Blick nach innen. Wenn es dir möglich ist, lass dir diese Meditation vorlesen oder sprich sie vorab mit oder ohne Hintergrundmusik auf, damit du sie dann in vollem Umfang auf dich wirken lassen kannst.

Nimm jetzt für die Meditation eine entspannte Haltung ein, das kann entweder im Sitzen oder im Liegen sein.

Finde die richtige Position für dich.

Nun komme erst mal in Ruhe bei dir an.
Wenn du die Augen noch nicht geschlossen hast, ist es jetzt an der Zeit, auch deine Augen zu schließen, um noch mehr zu entspannen und bei dir anzukommen.
Nimm nun ein paar tiefe Atemzüge und halte kurz die Luft an, um durch ein langsames Ausatmen die Luft wieder nach außen strömen zu lassen.
Bei jedem dieser Atemzüge kommst du mehr und mehr in die Ruhe und ganz bei dir an. Es fühlt sich so gut an und dein Körper kann sich vollkommen entspannen. Atme nun in deinem eigenen Rhythmus weiter. Genau so.

Langsam spürst du, wie du immer mehr in die Ruhe und in die Entspannung kommst. Deine Arme werden schwerer, deine Beine werden schwerer und du fühlst dich richtig entspannt. All die Dinge, die zuvor noch wichtig waren, verschwinden am Horizont und lassen dich ganz entspannt in die Ruhe kommen. Du spürst, wie wohlig warm es um dich herum ist, und fühlst dich frei und sorglos.

Dein Atem wird ruhiger und deine Gedanken fließen ruhig. Besinne dich nun auf den hinteren Raum zwischen deinen Augen. Lass in Gedanken ein großes Feuer erscheinen. Vielleicht auf einer Wiese mit einer Waldlichtung oder an einem bekannten Platz, auf dem du schon öfter ein Feuer gemacht hast.

Alles ist richtig.

Kannst du schon die Wärme spüren, die vom Feuer ausgeht? Wenn es dir zu warm wird, geh ein paar Schritte zurück und beobachte, wie die Flammen vor sich hin tänzeln. Vielleicht kannst du auch ein Knacken hören, das beim Verbrennen des Holzes zu hören ist.
Es ist ein wunderschönes Feuer und du merkst schon, wie das Feuer dich einlädt, all das, was nicht zu dir gehört, dem Feuer zu übergeben.

Denke nun an all diese Dinge, die dir nicht guttun dir Sorgen bereiten, sowie an all das, was du loslassen möchtest. Lass nun alles Belastende los und übergib es dem Feuer. Bitte darum, diese Dinge mit dem Rauch ziehen zu lassen, und bedanke dich für all die Erfahrungen, die du durch diese Dinge in dein Leben gezogen hast.

Lass sie nun in den Flammen aufgehen und mit dem Rauch ziehen und spüre, wie sich die Leichtigkeit in deinem Körper breitmacht. Kannst du es spüren? Und während du beobachtest, wie die Flammen alles verbrennen und all die Dinge, die nicht mehr zu dir gehören, mit dem Rauch davonziehen, spürst du bereits die Erleichterung.

Es fühlt sich gut und leicht an.

Bleibe so lange beim Feuer, bis du nichts mehr in dir spürst, was es jetzt loszulassen gibt. Wenn du spürst, dass es an der Zeit ist, diesen Ort zu verlassen, komme wieder zurück in den Raum, wo du gerade bist.

Vielleicht spürst du noch eine Brise Wind, die dir durch deine Kleidung und durch deine Haare weht. Dann öffne die Augen und komme langsam wieder ins Hier und Jetzt.

TIPP:
Solltest du beim Loslassen Dinge sehen, die nicht im Rauch aufgehen, ist da immer noch etwas, was zu dir gehört und wo du noch etwas zu erfahren hast.

Du kannst diese Feuermeditation für vieles anwenden. Du kannst z. B. Dinge ins Feuer legen, wenn du nicht weißt, wofür du dich entscheiden sollst. Bitte vorher darum, das, was nicht zu dir gehört, in den Flammen aufgehen zu lassen. Wenn es verschwindet und kleiner wird, gehört es nicht zu dir. Wenn du es nicht verbrennen kannst und es sogar größer wird, ist es dein Weg. Probiere es mal aus.

DIE 4 ELEMENTE FÜR DEINE RITUALE

Im Schamanismus nutzt man bei Ritualen die Kraft der Naturelemente. Im Folgenden möchte ich dir einen kleinen Überblick darüber geben, wie du diese Naturelemente auch für dich einsetzen kannst.

Element Feuer

Das Element Feuer steht für Transformation – es verzehrt alles, womit es in Berührung kommt. Es steht aber auch für Schaffen, Mut, Willenskraft, Selbstvertrauen, Liebe und Leidenschaft. Feuer ist die Energie, die uns am Leben hält. Die Energie des Feuers wird dafür genutzt, um Altes, nicht mehr Dienliches loszulassen und den Raum für Neues entstehen zu lassen. Das Feuer hat die Kraft, Dinge zu transformieren.

Wenn du nun Impulse und Gedanken zu Papier bringst, kann die Energie des Feuers dich dabei unterstützen, diese zu transformieren. (Indem du deine Gedanken mit einer bestimmten Absicht zu Papier bringst, werden deine Gedanken zu etwas „Greifbaren“ und durch das Feuer kannst du dies dann bewusst transformieren.)

Element Wasser

Die Kraft des Wassers unterstützt dich dabei, wieder in den Fluss zu kommen, wenn etwas stockt, Altes loszulassen und den Zugang zu dir selbst und deinen Emotionen zu finden. Es zeigt uns den permanenten Fluss des Lebens. Es verändert im Laufe seiner Reise ständig seine Form und ist anpassungsfähig. Somit steht das Element des Wassers für ständige Transformation und Weiterentwicklung. Das Wasser hat die Kraft, Dinge zu bereinigen, sie loszulassen. Das Wasser besitzt auch die Fähigkeit, ohne großen Kraftakt mit Belastungen umzugehen. Es ist ständig im Fluss und findet immer seinen Weg.

Wenn du nun deine Asche mit dem Wasser ziehen lässt, hilft dir die Energie des Wassers, es aus deinem Energiefeld zu spülen. Es loszulassen. Es ziehen zu lassen. Dies ist sehr gut geeignet für Loslassrituale.

Element Erde

Wir alle haben unser Dasein Mutter Erde zu verdanken. In diesem Element sind jegliche Aspekte enthalten, die mit dem (menschlichen) Leben in Verbindung stehen – Gesundheit, Wohlstand, Sicherheit, Erdung, Stabilität und Beständigkeit; aber auch Fruchtbarkeit, Nahrung, Geschäfte, Hausbau und Eigentum sowie andere materielle Dinge.Die Erde ist der Nährboden, der Leben und Nahrung hervorbringt. Sie ist sehr fruchtbar, aufbauend und sorgt gut für uns. Die Erdenergie ist eine mütterliche, weibliche Energie. Das Erdelement hilft uns, Dinge zu kreieren, zu manifestieren und zum Leben zu erwecken. Sie steht für Wachstum.

Wenn du deine Asche Mutter Erde übergibst, wenn du sie z. B. bei den Wurzeln eines Baumes vergräbst, unterstützt dich die Energie der Erde dabei, deine Wünsche und Ziele wachsen zu lassen. Dies eignet sich gut für Einladungsrituale und/oder zum Manifestieren, wenn es um dein persönliches Wachstum geht.

Element Luft

Das Element Luft, häufig symbolisiert durch den Wind, manifestiert sich in der Kommunikation, im Denken, im Gesang und in inspirierenden Ideen. Es repräsentiert auch Veränderungen – zum Positiven wie zum Negativen – und damit neue Herausforderungen.
Die Luftenergie ist sehr leicht und ausgeglichen, aber auch energievoll. Sie ist angereichert mit Wissen, Gedanken und Impulsen. Die Kraft der Luft unterstützt dabei, frischen Wind und mehr Leichtigkeit ins Leben sowie Klarheit in verworrene Angelegenheiten zu bringen. Wenn du dich nun auf die Energie der Luft einlässt, zeigst du, dass du Vertrauen in das Leben hast – Vertrauen in die Kraft des Windes, zu entscheiden, wohin die Reise geht, und darin, dich inspirieren zu lassen.

Wenn du Asche mit dem Wind verstreust, zeigst du also, dass du Vertrauen hast. Du übergibst deine mentalen Impulse (z. B. eine große Vision) der Energie Luft. Sie steht für Veränderung und sorgt dafür, dass neue, weiterführende Impulse erneut angeweht kommen, wenn du vertraust. Das Element Luft eignet sich gut für Einladungsrituale und Manifestationsrituale.

WEIH-, SCHUTZ- UND REINIGUNGSRÄUCHERN

Früher gehörte das Räuchern zum normalen Alltag auf dem Land. Haus und Stall wurden damit desinfiziert und das Wohnklima wurde verbessert. Die ganze Familie zog durch die Gebäude. Der Vater ging mit der Räucherpfanne voraus, dahinter die Mutter und die Kinder, um die Familie, die Tiere und das Haus im nächsten Jahr zu beschützen und vor Schaden zu bewahren.

Dieses Ritual hat sich vermutlich deshalb in die heutige Zeit herüberretten können, weil die Weihnachtszeit auch heute noch eine sehnsuchtsvolle und geheimnisvolle Zeit ist. Denn welcher Brauch passt besser, um Altes loszulassen und Neues willkommen zu heißen? Das Räuchern ist auch ein Loslassen und Transformieren mit dem Element Luft. Denn durch den Rauch, der in die Luft steigt, reinigt man die Luft und transformiert die Energie.

WIE FUNKTIONIERT DAS RÄUCHERN?

Geräuchert wird mit Räucherschalen aus Ton oder Metall. Hier sind dir keine Grenzen gesetzt. Außerdem kommt es darauf an, ob du eine Hausräucherung machen möchtest und durch das Haus gehst oder ob du ein Stövchen verwenden möchtest, schlicht in einem Raum aufgestellt. Es ist aber auch möglich, so wie früher, eine einfache Gusseisenpfanne zu benutzen.

Besonders wichtig ist hier ein Stiel zum Tragen, da es sonst schwer ist, die Pfanne durch die Räume zu tragen. Traditionell wird sie mit Quarzsand gefüllt, auf dem dann Räucherkohle platziert wird. Sobald diese zu glühen anfängt, wird das Räucherwerk aufgelegt.

Die „modernen Kräuterhexen“ raten dazu, die Fenster zu öffnen. Warum? Nun, sie sind der Meinung, die schlechte Energie, die dem Rauch entflieht, muss auch entweichen können. Traditionell gesehen, wurde in früheren Zeiten höchstens mal die Türe geöffnet, um das vermeintlich Böse hinauszutreiben. Allerdings entfaltet sich der Duft viel besser, wenn die Fenster geschlossen bleiben. Es hängt von dir und deinem Empfinden ab. Horche auch hier wieder in dich hinein und folge deinem Impuls. Ich persönlich lasse den Rauch ein wenig im Raum und lüfte dann einmal kurz durch. So bleibt der Duft im Raum und der Rauch kann mit den aufgelösten Energien abziehen. Mach es einfach so, wie es dir guttut. Es ist dein Ritual. Auch bei mir variiert das immer wieder mal je nach Empfinden.

Eine genauere Anleitung zum Hausräuchern in Videoformat sowie eine Anleitung im pdf Format zum Thema energetisches Räuchern findest du über den Bonusbereich zum Buch. Den Link dazu findest du auf Seite 151.

DIE WIRKUNG DER VERWENDETEN KRÄUTER IN DER RAUHNACHT

WEIHRAUCH klärt den Geist und hilft in transformatorischen Zeiten, stellt das seelische Gleichgewicht wieder her, Trostspender, Energiebringer, löst starre Denkmuster auf, befreit von Zukunftsängsten und Sorgen.

WACHOLDER hilft uns, Chancen wahrzunehmen und zu erkennen, erweckt die Intuition. Hält negative Einflüsse fern und schützt vor negativer Beeinträchtigung von außen.

LAVENDEL reinigt und desinfiziert die Luft und beruhigt. Entspannt und hilft beim Loslassen von belastenden Gefühlen.

BALDRIANWURZEL schafft Harmonie und beruhigt.

SALBEI ist stark reinigend und aufbauend. Entfernt schlechte Energien und steht für Neubeginn.

MÄDESÜSS wirkt tröstend und heilend.

YSOP wirkt aufbauend, segnend und vermehrt positive Energie.

PALO Santo öffnet das Herz und sorgt für innere Balance.

BEIFUSS hilft, Altes loszulassen und Entscheidungen zu treffen, sehr hilfreich bei Übergangsritualen.

JOHANNISKRAUT UND KÖNIGSKERZE wirken stimmungsaufhellend. Lösen negative Spannungen auf. Sie werden Sonnwendkräuter genannt, da sie auch gerne zur Sonnenwende verräuchert werden.

KIEFERNHARZ nannte man früher Waldweihrauch. Mittlerweile ist er schwer zu bekommen. Transformiert das Negative und stärkt die Lebensfreude und das Selbstvertrauen.

TANNENHARZ gibt Kraft, Mut und Ausdauer.

RINGELBLUME schenkt uns Licht und unterstützt uns dabei, positiv zu bleiben.

MYRRHE ist das Gummiharz des Myrrhestrauchs, der in Südarabien und Äthiopien beheimatet ist. Sie ist unterstützt dabei, Altes loszulassen. Sie hilft, seelische Wunden zu heilen und zu verzeihen. Sie erdet und schenkt wärmende und tröstende Energie.

ROSENBLÜTE stärkt das Herzzentrum und bringt eine liebevolle, sinnliche Atmosphäre in den Raum. Sie fördert harmonische Beziehungen und stärkt die Liebe zu dir und zu anderen.

ALANTWURZEL bringt Sonne ins Herz.

THYMIAN holt verdrängte Emotionen an die Oberfläche, ist Herzöffner, stärkt die Energie, wirkt aufbauend bei trüben Gedanken und Antriebslosigkeit. Reinigt und desinfiziert die Räume.

FICHTE löst emotionale Blockaden, ist stärkend und reinigend bei Erschöpfungszuständen, hilft bei Ängsten und Nervosität, stärkt die innere Balance.

JOHANNISKRAUT, auch „Sonnenkraut" genannt, hilft gegen Kummer, Depression und traurige Gedanken.

MISTEL bringt Licht ins Unbewusste und Verborgene, schützt vor Missgeschicken und Unglück.

KAMPFER fördert die Selbstliebe und schenkt inneren Frieden.

HOLUNDER hilft dabei, den richtigen Zeitpunkt für Entscheidungen zu finden.

FRAUENMANTEL hilft, für sich selbst da zu sein.

EISENKRAUT stärkt das Selbstbewusstsein, das Selbstvertrauen und macht Mut.

ROSMARIN schafft Durchlässigkeit, öffnet das Herz.

ENGELWURZ ODER ANGELIKA ist angstlösend, seelisch stärkend und aufhellend, kann Herzenswärme und Lebensfreude fördern und uns ins eigene Vertrauen zurückführen.

Im Handel findest du viele Fertigmischungen, die auf die Energie der Rauhnächte abgestimmt sind. Doch entscheidend ist deine Intuition. Vertraue darauf, dass du instinktiv spürst, was gerade richtig für dich ist. Es geht nicht um Perfektion, sondern um Authentizität und Einklang mit dir selbst.

In den kleinsten Dingen
zeigt die Natur
die allergrößten Wunder.

Carl von Linné

FEINE DÜFTE IN DEN RAUHNÄCHTEN

Auch die ätherischen Öle finden ihren Platz in den Rauhnächten und sind willkommene Begleiter. Ich persönlich verwende in der kalten Zeit sehr gerne die heilenden Öle, um Erkältungszeiten zu überbrücken und damit Räume zu erfrischen. Da man sich in der kälteren Jahreszeit vermehrt in verschlossenen, gut aufgewärmten Räumen aufhält, sind gerade die feinen Duftnoten der ätherischen Öle eine betörende und wirksame Hilfe im Alltag.

Ebenso verhält es sich in den Rauhnächten. Vor allem empfindsamen Menschen, die den Rauch der Kräuter als eher störend empfinden, bietet sich mit den Ölen eine wunderbare Möglichkeit, die Räume zu „klären" und Altes aufzulösen. Dies geschieht hierbei auf eine noch feinere Art und Weise. Während beim Räuchern durch den Rauch eine eher erdige Duftnote entsteht, ist es bei den ätherischen Ölen das Himmlische, das wir in unsere Räume holen. Am optimalsten ist es wohl, beides anzuwenden und miteinander zu vereinen. Damit meine ich nicht, mit beiden gleichzeitig zu zelebrieren, denn man sollte sie immer getrennt anwenden, sondern ich meine damit, beide Optionen in die Rauhnächte zu integrieren. So zum Beispiel das Räuchern für die Rituale, um das Haus zu reinigen, und die ätherischen Öle für zusätzliche Rituale wie ein wohltuendes Bad oder eine Massage, oder auch zum Vernebeln mit der Duftlampe während des Tages.

Welche Öle sich eignen, ist sehr unterschiedlich. Es gibt einige Hersteller, die wundervolle Mischungen anbieten, die sehr gut für diese Zeit geeignet sind. Man kann sich in der Apotheke auch selbst etwas mischen lassen oder man kauft sich die einzelnen Öle. Wichtig dabei ist, dass du auf gute Qualität achtest und keine Duftöle verwendest, denn diese sind chemisch hergestellt und verfehlen die Wirkung. Achte genau darauf, ob es sich um echte ätherische Öle guter Qualität handelt. Diese liegen zwar meist etwas höher im Preis, es lohnt sich aber, da die Wirkung eine andere ist.

ACHTUNG:
Solltest du gerade schwanger sein oder einen Säugling haben, achte sehr genau darauf, welche Öle du verwenden möchtest. Nicht alle Öle sind in dieser Zeit empfehlenswert.

ÄTHERISCHE ÖLE UND IHRE WIRKUNG

SALBEI – feinstoffliche Reinigung

ANGELIKAWURZEL – starker energetischer Schutz, hat eine hohe Schwingung

WEIHRAUCH – bringt Segen, erhöht die Energie und Spiritualität

WACHOLDER – vertreibt negative Einflüsse, Krankheitsgeister, Dämonen

MYRRHE – desinfiziert, klärt und reinigt Räume, gibt Ruhe

MYRTE – sorgt für Reinheit und Klarheit, bringt Frieden

THYMIAN – reinigt und stärkt die Energie in den Räumen

GRAPEFRUIT – wirkt belebend und verleiht Energie

LAVENDEL – mein Lieblingsöl, weil es so vielseitig ist, hier nur einige Eigenschaften – wirkt harmonisierend auf

Körper und Geist, spendet Kraft, ist gleichzeitig beruhigend und hat eine ausgleichende Wirkung

VETIVER - gibt Urvertrauen in uns selbst und lässt uns ein großes, breites und festes Fundament bauen, auf dem man sich verankern und über sich hinauswachsen kann.

STYRAX - gibt Wärme und Geborgenheit, öffnet Herz, stärkt Gefühl der Liebe, hohe Schwingung, vertreibt negative Gedanken.

BEIFUSS - wirkt reinigend, gegen Ängste, zum Loslassen, Neubeginn, allgemein gegen Unheil.

EISENKRAUT - schafft Glück und Erfolg, Klarheit, Kreativität, Erinnerung an Träume.

WEISSER SALBEI - keimtötend, stark reinigend – besonders alte Energien, bringt Ruhe, hilft beim Durchatmen.

PATCHOULI - öffnet die Tore zum Unterbewusstsein, schenkt uns Klarheit, sowie Mut, Entschlossenheit und Kraft.

ROSMARIN - weckt Begeisterung, Kreativität, unterstützt beim Loslassen, außerdem weckt er unseren Lebenswillen, stärkt das Selbstbewusstsein.

FICHTENHARZ - wirkt keimtötend, gegen Streitenergien, Eifersucht, Neid. Empfehlenswert beim Umzug bzw . Einzug in ein neues Heim.

MELISSE - schenkt Gelassenheit, Ruhe, Frische, harmonisiert die Stimmung und stabilisiert Gefühle.

Bei den Ölen ist es genauso wie bei den Räucherstoffen: Es gibt unzählige wunderbare Mischungen. Vertraue deinem Bauchgefühl und wähle das aus, was dir persönlich guttut und dir Wohlbefinden schenkt. Es geht darum, was sich für dich stimmig anfühlt.

TÄGLICHE ÖL-ANWENDUNGEN:

Morgens nach dem Aufwachen...

...das Öl nach Wahl direkt auftragen - immer verdünnt mit einem Trägeröl (z.B. Mandelöl, Jojobaöl, Traubenkernöl, Olivenöl), inhalieren und bewusst wahrnehmen und spüren; eventuell mit der Tagesaffirmation aufsagen, deine Ziele für den Tag definieren.

Abends vor dem Schlafengehen...

...das Öl deiner Wahl auftragen und wie am Morgen bewusst spüren; die
Gedanken loslassen und beobachten (wie vorbeiziehende Wolken); bewusst in den Schlaf fallen.

Tagsüber...

...die Öle optional, aber speziell zum Thema der jeweiligen Rauhnacht verwenden. Mit dem Diffusor oder mit einer Duftlampe vernebeln. Ein wohltuendes Salzbad nehmen (Rezept im anhang) oder ein Raumspray(Rezept im Anhang) verwenden.
Öle auftragen auf die Fußsohlen, auf die Hände, auf die Chakren, im Nacken, auf Schultern oder Steiß, in den Nabel tropfen. Verwende das Öl nie direkt, sondern mische es immer, wie oben beschreiben, mit einem Trägeröl. Inhaliere aus deinen Händen, begib dich in eine meditative Stimmung.

RAUHNÄCHTE UND KRISTALLE

Wenn du an deinen Sacred Place denkst, könnte es sein, dass du darüber nachdenkst, diesen Platz mit Kristallen zu schmücken und diese vielleicht sogar unterstützend einzusetzen. Aus diesem Grund möchte ich an dieser Stelle auf die Option eingehen, wie du in den Rauhnächten mit Heilsteinen arbeiten kannst und welche speziell für die Rauhnächte sehr gut geeignet sind.

Wenn du tiefer in diese Thematik eintauchen möchtest, lohnt es sich, ein Buch über Heilsteine, Edelsteinwasser und Crystal Grids zu lesen. Bei den Literaturempfehlungen am Ende dieses Buches sind einige aufgelistet, die ich dir von Herzen empfehlen kann.

Ich persönlich nutze Kristalle hauptsächlich zu dem Zwecke, um Wohnräume in eine bessere Energie zu bringen und um mir ein Heilwasser herzustellen. Ich nutze sie aber auch dafür, um meine Seele in eine gute Stimmung zu bringen und um eine positive Ausstrahlung zu haben. Allein wenn ich meinen Blick auf diesen Platz richte, wird meine Seele erwärmt und ich komme in eine positive Schwingung.

Wenn dich die Steine ansprechen, lohnt es sich auf alle Fälle, egal ob als Heilsteinwasser oder als Crystal Grid auf deinem Ritualplatz – hier sind deiner Kreativität keine Grenzen gesetzt.

Eine weitere Möglichkeit ist, im Verlaufe der Raunächte immer den jeweiligen Tagesstein zu nehmen, ihn mit der Tagesintention zu verstärken und daraus ein Armband zu knüpfen. So hast du während des gesamten Jahres eine Erinnerung und eine energetische Verbindung zu den jeweiligen Intentionen deiner Rauhnächte. Bei den einzelnen Tagen findest du noch weitere Empfehlungen für Heilsteine des Tages.

EINZELNE KRISTALLE UND IHRE WIRKUNG

TURMALINE – EINE BUNTE FARBENPRACHT

Die farbigen Turmaline haben generell eine aufbauende Wirkung auf die Psyche. Turmaline fördern die Wahrnehmung und bringen mehr Klarheit in herausfordernden Lebenssituationen. Sie schaffen eine beruhigende Atmosphäre. Bunte Turmaline stärken deine kreative Seite und dein Durchhaltevermögen. Man sagt ihnen auch nach, dich dabei zu unterstützen, dir mehr und mehr selbst zu vertrauen und deine Selbstsicherheit zu erhöhen. Auf diese Weise können sie dir helfen, deinen Lebenszielen näher zu kommen.

MONDSTEIN

Der Mondstein fördert Feinfühligkeit, macht offen für spontane Einfälle und ist ein guter Stein für Meditation, denn er fördert Harmonie und Gefühlstiefe und schenkt seelische Ausgeglichenheit. Der Mondstein kann deine Hellsichtigkeit und Medialität verstärken. Er soll die Gefühlswahrnehmungen vertiefen. Über die Wahrnehmung seiner besonderen Lichtausstrahlung kann er deine Intuition steigern. Der weiße Mondstein trägt Neumond-Energie in sich und verstärkt damit Emotionen und Visionen.

AVENTURIN

Der Aventurin, auch „Sonnenstein" genannt, besänftigt das Gemüt und hat eine ausgleichende Wirkung auf die Psyche. Er gilt als Kraftspender, verleiht Selbstvertrauen und Durchsetzungskraft. Er hilft dir dabei, besser mit Fehlschlägen umzugehen und deine eigenen Interessen zu vertreten. Der Aventurin unterstützt dich dabei, Vertrauen in deine eigenen Fähigkeiten und in deine persönlichen Gaben zu entwickeln. Er steht außerdem für Kreativität, Elan und Lebenslust. Bei Herausforderungen kann er dir helfen, mehr Ruhe, Gelassenheit und Geduld an den Tag zu legen.

GRANAT

Die Heilkraft des Granats stärkt die Seele, verscheucht depressive Gedanken und Antriebslosigkeit. Das Feuer des Granats gibt wieder neuen Mut und stärkt das Selbstbewusstsein. Heilkundige schwören auf die Kraft dieses Steines zur Auflösung festgefahrener Gewohnheiten. Der Granat ist der Stein der Veränderungen, der Umwälzungen. Er steht für Transformation, Wandlung und Wachstum.

ROSENQUARZ

Der Rosenquarz ist der Stein des Herzens. Er gilt als Herzöffner und auch als Stein der Liebenden. Zudem bestärkt er den Sinn für Schönheit und lässt uns die Schönheit und die Wunder des Lebens erkennen. Der Rosenquarz gibt Halt und öffnet dich für mehr (Selbst-) Liebe und Dankbarkeit. Er bewahrt einen vor der Angst, erneut enttäuscht zu werden. Bei Kindern schützt Rosenquarz vor seelischen Erkrankungen. Der Rosenquarz kann dir helfen, seelische Wunden zu heilen und gleichzeitig mehr Vertrauen zu entwickeln, um einen Neubeginn zu wagen.

PYRIT

Der Pyrit unterstützt dich, Mut und Zuversicht zu entwickeln, um einen Neubeginn besser zu durchlaufen. Er bringt dich deiner Selbsterkenntnis näher, verhilft dir, dich deiner selbst zu besinnen und unterdrückte Dinge aufzudecken. Er offenbart Blockaden und Ängste und hilft, diese zu lösen. Man sagt ihm sogar nach, dass ihm die Kraft innewohnt, Depressionen zu lindern. Er ist ein guter Begleiter, um Stress abzubauen, Nervosität zu lindern und innere Unruhe aufzulösen.

KARNEOL

Der Karneol verleiht Standfestigkeit, Mut und Tatkraft. Er hebt nicht nur die Laune, sondern hilft durch lösungsorientiertes Denken, sich Anforderungen zu stellen oder Probleme zu bewältigen. Karneol schenkt Lebensfreude und Vitalität. Er ist ein Gute-Laune-Stein, der positive Energien verstärkt. Der Karneol ist ein besonderer Stein, der dir helfen kann, dich zu orientieren, wenn du nicht weißt, wo du anfangen sollst. Er begleitet dich und weist dir den Weg.

AMETHYST

Der Amethyst verstärkt den Glauben und führt zu gerechtem Handeln oder Urteilen. Er hilft dir, dich zu konzentrieren und den Fokus zu halten. Er wird auch als „Stein der Spiritualität" gesehen und kann dich dabei unterstützen, in die Tiefen deiner Innenwelt einzutauchen. Er gilt als sehr fantasieanregend. Er kann die Energie im Raum positiv beeinflussen und verhilft zu einem entspannten Schlaf, wenn du ihn neben deinem Bett aufstellst.

GELBER JASPIS

Der gelbe Jaspis schenkt innere Ruhe, Achtsamkeit und fördert Ausdauer sowie Willenskraft. Durch mehr Energie können Ideen oder Ziele umsichtig bedacht und erfolgreich umgesetzt werden. Zudem hilft er dabei, Erfahrungen zu verarbeiten, bringt einen durch Selbsterkenntnis sich selbst einen Schritt näher und fördert gleichzeitig das Verständnis gegenüber anderen Menschen. Der gelbe Jaspis stärkt den Verstand und das Gedächtnis.

RAUCHQUARZ

Der Rauchquarz kann dich dabei unterstützen, den Blick auf das Gute und Positive im Leben zu lenken. Seine Energie hilft dir, Altes loszulassen und den Blick nach vorn zu richten. Außerdem soll der Rauchquarz dazu beitragen, Stress abzubauen und Blockaden zu lösen. Im gleichen Zuge soll er vor neuem Stress und Blockaden bewahren. Er verschafft Klarheit und Willenskraft. Das macht ihn zu einem guten Begleiter bei einem Neuanfang.

MOOSACHAT

Der Stein steigert deine Selbstwahrnehmung und die Fähigkeit zur Kommunikation und hilft so, auch in schwierigen Situationen wieder Mut zu fassen und Probleme zu lösen. Dank der Wirkung des Moosachats gelingt es dir leichter, noch einmal durchzustarten und tatkräftig den Rest des Jahres zu gestalten. Er bringt seelische Befreiung und schenkt dir tiefen Frieden. Die Liebe zur Natur kann durch ihn gefördert werden und er macht dich aufmerksam für die Vielfalt des Lebens.

BERGKRISTALL

Der Bergkristall reinigt Geist und Seele. Zudem löst der Bergkristall Energieblockaden auf. Seinem Träger verhilft der Bergkristall zu gerechten sowie klaren Entscheidungen. Er wird unter den Heilsteinen als Multitalent anerkannt. Durch seine Energie verhilft er dir, ein besseres Gespür für den richtigen Zeitpunkt eines eventuellen Richtungswechsels zu entwickeln. Mit ihm kannst du deine Intuition und deine Wahrnehmung für die richtigen Impulse stärken. Außerdem bindet der Bergkristall Erdstrahlen und Wasserstrahlen zu einer positiven Energie.

JOURNALING

„Ein Stück Papier und ein Kugelschreiber können Wunder bewirken: Schmerzen heilen, Träume in Erfüllung gehen lassen, verlorene Hoffnung wiederbringen. Im Wort liegt Kraft."
– Paulo Coelho

Eines der wohl wichtigsten und schönsten Rituale in den Rauhnächten ist das Journaling. Vielleicht fragst du dich jetzt, was der Unterschied zwischen Tagebuchschreiben und Journaling ist. So ging es mir zumindest, als ich das Wort zum ersten Mal gelesen habe. Vielleicht kennst du das noch aus deiner Kindheit, dass du ein kleines Tagebuch hattest, wo du all deine Geheimnisse, Erlebnisse und Sorgen aufgeschrieben hast. Das ist die Eigenschaft eines Tagebuches: Man schreibt all seine Eindrücke des Tages auf und lässt die Gedanken fließen.

Beim Journaling ist es ein wenig gezielter, denn es geht darum, sich Fragen zu stellen, intuitiv Antworten dazu zu empfangen und diese dann aufzuschreiben. Das Wichtigste im Laufe deiner Selbstfindung und persönlichen Entwicklung ist, dich und deine Herzenswünsche näher und besser erkennen zu können und diesen Kompass für dich zu nutzen, um deinen authentischen Weg zu finden. Dafür sind Journaling-Fragen ein fantastisches, um nicht zu sagen das wichtigste Instrument.

Du beginnst deinen Mind mit den richtigen Fragen zu füttern und in eine dir dienliche Richtung zu lenken. Es gibt auch Fragen, die dich dahin führen, dich immer wieder mit denselben Problemen zu beschäftigen, ohne dass du einen Ausweg findest. Dies sind Fragen wie z. B.: Warum passiert das immer mir? Oder: Warum sind alle rundherum glücklich, während ich unglücklich bin?

Die magischen Tage
Deine Reise beginnt

Magische Zeit

GEHE DIESE ZEIT GANZ BEWUSST!

Die Rauhnächte sind die Zeit des Rückzuges, der Innenschau, der Reflexion, des Loslassens, der Reinigung und des Neubeginns. Du gehst in die Stille, nimmst dir ganz bewusst Zeit für dich selbst, reflektierst das alte Jahr, wirfst Ballast ab und bereitest dich mit Zielen und Wünschen auf das neue Jahr vor.

Begleitend gibt es eine Vielzahl von Ritualen – vom Räuchern über Kakao-Zeremonien, Mediationen bis hin zum Orakeln. Wie du die Rauhnächte für dich nutzt und welche Rituale du anwenden möchtest, bleibt ganz allein dir überlassen. Es gibt kein „richtig" und „falsch". Es gibt nur das, was sich für dich stimmig anfühlt.

Ob du mit Kräutern räucherst, meditierst, ein Dankbarkeitstagebuch führst oder einfach nur in die Stille gehst, ob du dich stundenlang mit den Rauhnächten beschäftigst oder dir täglich nur 15 Minuten Zeit nimmst, ob du die Rauhnächte spirituell zelebrierst oder sie einfach als Achtsamkeitsübung nutzt, höre auf deine innere Stimme. Du kannst die Rauhnächte, wie bereits weiter oben erwähnt, auch für eine bestimmte Vision oder für ein bestimmtes Ziel nutzen.

Die Tage der Rauhnächte sind eine Entdeckungsreise zu dir selbst. Während dieser Tage legst du die Samen für das, was deinem Herzen entspringt. Nutze dies für dich und deinen Herzensweg, denn wenn wir alle aus dem Herzen leben und unseren ganz authentischen, eigenen Weg finden, kann die Erde zu einem besseren Ort werden. Wie schon Antoine de Saint-Exupéry sagte: „Man sieht nur mit dem Herzen gut.

Das Wesentliche ist für die Augen unsichtbar." Und hierbei helfen uns der Weg in die Stille, das Loslassen und die Dankbarkeit. Ich wünsche dir eine wundervolle Reise zu dir selbst und zu dem, was für dich jetzt noch „unsichtbar" ist. Genieße deine Reise und lege die Samen für deinen ganz eigenen, authentischen und freudvollen Weg ins neue Jahr.

VORBEREITUNG AUF DEINE MAGISCHE REISE DURCH DIE RAUHNÄCHTE

Eine Reise zu dir selbst ist das schönste Geschenk, das du dir machen kannst, und dafür sind die Rauhnächte besonders geeignet. Während dieser so wundervollen und magischen Tage kommst du deinem Herzensweg näher.

Und noch einmal: Es gibt so viele Ansätze, wie man diese Zeit durchlaufen kann, und so viele nützliche Dinge, die man in dieser Zeit anwenden kann, dass es den ein oder anderen überfordern könnte.

ALSO DENKE IMMER DARAN: ALLES KANN, ALLES DARF, NICHTS MUSS!

Lass dich inspirieren und finde deinen eigenen Flow und deine ganz individuelle Art, diese Zeit zu durchlaufen und zu zelebrieren. Wenn du deiner Intuition folgst, wenn du tief in dich hineinhorchst und deinem Gefühl folgst, wirst du den für dich richtigen Weg für deine magische Reise finden. Ob du die Rituale nun spirituell begehen oder die Zeit mit dir selbst mit vielen zusätzlichen Möglichkeiten gestalten möchtest, wie z. B. für dein Raumspray Wasser zu Vollmond aufladen oder Heilsteine ins Wasser geben, so heißt das nicht gezwungenermaßen, dass du es unbedingt so umsetzen musst, auch wenn es magische Zeiten sind. Folge deiner Intuition und deinem Gefühl und mache die Dinge so, wie sie zu dir passen. Probiere auch mal etwas Neues aus, und wenn du merkst, es fühlt sich nicht gut und nicht leicht an, dann lass es wieder sein. Nicht alles ist für jeden gedacht.

Bevor die eigentlichen Rauhnächte beginnen, gibt es die sogenannten "Sperrnächte", die am 8. Dezember starten. Diese Zeit dient als Vorbereitung und Einstimmung auf die intensiven Rauhnächte. Es ist eine Phase des Innehaltens, des Loslassens und der inneren Vorbereitung. Auf unserer Bonusseite findest du ein eBook, das dir hilfreiche Tipps und Anregungen für diese besondere Vorbereitungszeit bietet.

Wie jede Reise beginnt auch die Reise durch die Rauhnächte mit der Vorbereitung. Die Vorbereitungszeit sollte nicht in eine Hetzerei ausarten: Ich muss noch dies und ich muss noch das … Verschaffe dir einen Überblick und horche in dich hinein, was du in diesem Jahr für dich machen möchtest und zeitlich unterbringen kannst. Das kann jedes Jahr ein wenig variieren. Du wirst sehen, mit der Zeit wirst du deinen eigenen Flow und deine eigene Routine finden.

In diesen 12 Nächten wirst du dir selbst und dem Weg deines Herzens näherkommen. In der Stille kannst du all das wahrnehmen und erkennen, was aus deinem tiefsten Innersten kommt. Du wirst in dieser Zeit einiges loslassen und dich und dein Umfeld von vielem heilen. Und dann begrüßt du voller Freude den Neubeginn und ein neues Jahr mit all seinen Facetten und freudvollen Herausforderungen, an denen du wachsen wirst.

Es ist also von Vorteil, sich gut auf diese Reise vorzubereiten. Wenn du die Rauhnächte das erste Mal für dich zelebrierst, wirst du am Ende erkennen, wo du im nächsten Jahr etwas anders gestalten kannst, um das Ganze zu optimieren und so in den vollen Genuss der Rauhnächte zu kommen. Im Folgenden möchte ich aufzeigen, welche Voraussetzungen dafür von Vorteil sind.

DEIN STARTPUNKT ZUR ARBEIT MIT DEN RAUHNÄCHTEN

Bevor du die Rauhnächte für dich durchläufst, ist es sinnvoll, dich selbst einmal zu „durchleuchten" und zu schauen, WARUM du dir diese Zeit für dich nimmst. Folgende Fragen helfen dir dabei, genauer zu erkennen, was dein Ziel ist.

Was willst du mit den Rauhnächten für dich erreichen? Warum hast du dir dieses Buch gekauft? Was war deine Intention dahinter? Wie fühlst du dich jetzt? Wie willst du dich fühlen, nachdem du die Rauhnächte durchlaufen hast? Was könnte dir im Wege stehen? Wie könntest du diese Herausforderung meistern? Wer könnte dich begleiten oder unterstützen? Willst du lieber allein durch diese Zeit gehen oder möchtest du dich gerne mit der Energie Gleichgesinnter verbinden?

Wenn du dir diese Fragen stellst, hast du bereits den Samen gesät und ein gutes Fundament, um diese Reise erfolgreich zu durchlaufen und das, was in dir steckt, zu entdecken, zu entfalten und zum Erblühen zu bringen. Weitere wichtige Bausteine sind die Ruhe und die Stille während dieser Zeit.

Um in die Ruhe kommen zu können und die Reise zu dir selbst zu genießen, solltest du mit einer bewussten Organisation deiner „MeTime" starten. „MeTime" bedeutet freie Zeit nur für dich, in der du deine Kinder, deinen Mann, deine Arbeit und all die Gedanken an die Weihnachtsvorbereitungen ausblendest, um einmal nur mit dir allein sein zu können, zur Ruhe zu kommen und dich entdecken zu können.

Am besten gibst du deiner Familie Bescheid, dass dir diese Zeit wichtig ist, damit du sie ohne „Faust im Nacken" ganz in Ruhe durchlaufen kannst. Sei es dir wert, denn es macht einen großen Unterschied, ob du diese Tage so

„nebenbei“ durchläufst oder ob du dich so richtig darauf einlässt.
Überlege dir auch, an welchem Platz und zu welcher Zeit du am ehesten ungestört bist. Vielleicht gibt es da einen Platz in deiner Wohnung oder in deinem Haus, der dafür sehr gut geeignet ist. Sei kreativ und fühle in dich hinein, ob dieser Ort dir Kraft gibt. Gestalte diesen Bereich so, dass du dort zur Ruhe kommen kannst und dich wohlfühlst.

TIPP:
Das kann nicht nur für die Zeit der Rauhnächte äußerst hilfreich sein; dieser Ort kann generell dein persönlicher Platz für DEINE „MeTime“ werden. Dein Körper wird sich darauf einstellen, man kann sich das wie bei einem Anker vorstellen: Jedes Mal, wenn du diesen Platz aufsuchst, weiß dein Körper, dass er jetzt auf Ruhemodus schalten kann. So ein Ankerpunkt funktioniert nicht nur auf physischer Ebene, wie du es möglicherweise vom NLP kennst, sondern eben auch durch einen ganz bestimmten Platz sowie bestimmte, immer wiederkehrende Handlungen.

Auch wenn – oder besser gesagt gerade weil – du in der Vorweihnachtszeit voll beschäftigt bist mit vielerlei Verpflichtungen und Besorgungen, solltest du dir Raum und Zeit gönnen, in diese eigentlich besinnliche Zeit bewusst Perioden der Stille zu integrieren, die dich in die Ruhe bringen. Versuche, dich in der Adventzeit durch Spaziergänge in der stillen Natur auf die Rauhnächte einzustimmen. Die Natur ermöglicht Einkehr und Rückzug, Ruhe und Erholung, bevor wir dann im Frühling wieder langsam, aber mit voller Energie erwachen und aktiv werden. Wir müssen diese Zeit bewusst integrieren, denn in der heutigen Hektik und im regen Treiben des Alltags hat sich der Fokus verschoben, ohne dass wir es merken. Die Folgen sind Konflikte in der Familie, Ruhelosigkeit, Angespanntheit, Krankheiten und so weiter und so fort, aber das ist ein anderes Thema. Was ich dir hier mit auf den Weg geben möchte: Unsere Natur strebt eigentlich nach dem Gegenteil von dem, was wir uns im Außen durch den Druck der Gesellschaft auferlegen. Die gute Nachricht: Du hast dir dieses Buch gekauft und damit gehst du bereits bewusst einen Schritt in die Veränderung. Du kannst also stolz auf dich sein! Ich freue mich für dich.

DINGE, DIE IN DIESEN BESONDEREN TAGEN NÜTZLICH SIND

Schaffe dir einen Rückzugsort für deine „MeTime"!

Richte dir einen Raum oder eine kleine Ecke in deinem Zuhause ein, in der du ungestört bist und dich wohlfühlst. Lege dir eine Decke, ein Kissen und Kuschelsocken, vielleicht auch eine Yogamatte und/oder ein Meditationskissen bereit. Dekoriere deinen Rückzugsort mit Dingen, die du magst. Das können Fotos, Steine, Hölzer, Dekogegenstände oder Erinnerungsstücke sein, die dir ein gutes Gefühl geben. Stelle Kerzen auf und lege Räucherutensilien, Duftöle, Heilsteine, Orakelkarten und ein Notizbuch bereit. Vielleicht magst du dir auch einen kleinen Altar aufbauen. Ich habe zum Beispiel einfach eine alte Obstkiste umgedreht aufgestellt.

Besorge dir ein Notizbuch!

Besorge dir ein schönes Notizbuch und schreibe während der Rauhnächte alles auf, was dir durch den Kopf geht. Schreibe all deine Gedanken, deine Träume, deine Gefühle, deine Ängste, deine Sorgen, deine Erlebnisse, deine Ideen und deine Wünsche auf.

Lege Räucherwerk bereit!

Falls du in den Rauhnächten räuchern möchtest, besorge dir vorher einige Räucherutensilien. Bevorzugst du Räucherstäbchen, achte darauf, dass sie hochwertig sind und ausschließlich aus natürlichen und nicht aus synthetischen Inhaltsstoffen bestehen.

Möchtest du Kräuter, Hölzer und Harze räuchern, kannst du entweder ein Räucherstövchen mit Sieb verwenden oder du nutzt Räucherkohle. Du kannst dir auch selbst Räucherkegel herstellen, die du dann verräucherst – hier kannst du mit einer Intention für jede Rauhnacht arbeiten, die als Energie bereits bewusst im Räucherkegel manifestiert ist. Suche dir dazu die passenden Kräuter aus der Liste, die du dir im Downloadbereich dieses Buches kostenfrei herunterladen kannst. Dort findest du auch eine Anleitung, wie man Räucherkegel selbst herstellt.

Achte auch hierbei auf gute Qualität deiner Räucherwaren oder verwende selbst gesammelte Pflanzen und Hölzer.

Meditation

Bewusst in die Stille zu gehen, hilft dir während der Rauhnächte, deine Gedanken zu sortieren und deinen Geist zu fokussieren. Ob du für dich allein meditierst oder auf geführte Meditationen und/oder Fantasiereisen zurückgreifen möchtest, bleibt dir überlassen. Im Kurs zum Buch hast du begleitend auch Zugriff auf Meditationen. Auch gibt es bereits viele frei zugängliche Meditationen auf YouTube.

Achte auf deine Träume und vor allem Tagträume!

Achte während der Rauhnächte besonders auf deine Träume, denn sie bergen verschlüsselte Botschaften für das kommende Jahr. Auch die sogenannten Tagträume begleiten uns ständig. Es sind die Ideen und Impulse, die in uns aufkommen, oder die Bilder, die wir wahrnehmen – all das sind Signale aus dem Universum. Am besten notierst du deine Träume und Impulse direkt nach dem Aufwachen und auch während des Tages, wenn sie zu dir kommen, in einem Notizbuch.

„Unser Schlachtfeld liegt nicht außerhalb,
sondern innerhalb von uns selbst."

Dalai Lama

Sei achtsam mit dir selbst!

Die Rauhnächte sind dazu da, einen Gang zurückzuschalten. Nimm dir Zeit für dich selbst, gönne dir Ruhe und mache es dir mit einem Tee und einem Buch auf dem Sofa gemütlich. Nimm ein heißes Bad oder gehe allein hinaus in die Natur. Setze bewusst einen Fuß vor den anderen und nimm wahr, was um dich herum passiert. Achte auf die kleinen Dinge am Wegesrand und lass dich von deinen Sinnen leiten.

WIE DU DIE RAUHNÄCHTE OPTIMAL FÜR DICH NUTZEN KANNST

Rauhnächte sind hervorragend geeignet zur Vorbereitung auf das kommende Jahr. Hier habe ich einige Tipps für dich, wie du diese Zeit optimal nutzen kannst. Einiges davon wirst du in dem Teil des Buches zu den einzelnen Tagen wiederfinden.

In der Zeit der Rauhnächte hast du die schöne Gelegenheit, das Jahr guten Gewissens abzuschließen und den Weg ins neue Jahr zu ebnen. Dafür ist es wichtig, dass du dich täglich darauf ausrichtest und dir bewusst Zeit dafür nimmst.

* Befreie dich von emotionalen Altlasten wie beispielsweise Streitereien mit irgendwelchen Personen. Sprecht euch aus und lasst Vergangenes hinter euch. Meditiere, schreibe einen Brief oder wende das hawaiianische Vergebungsritual an. Vergebung ist so wichtig!

* Begleiche alle deine Rechnungen und versuche, materielle Altlasten loszulassen.

* Bring geliehene Sachen dankbar an den Besitzer zurück.

* Werde aktiv und trenne dich von allen belastenden Dingen.

* Überlege dir, mit wem du deine Zeit im neuen Jahr verbringen möchtest, wer dich im letzten Jahr unterstützt hat und wem man noch mal Danke sagen könnte. Vielleicht gibt es auch Kontakte, die du im nächsten Jahr bewusst loslassen möchtest. Bedanke dich bei denen, die dir Kraft gegeben haben, mit einem kleinen Geschenk und sag ihnen, dass sie dir guttun.

* Schreibe dir in diesen Tagen deine Träume auf. Denn alles, was du in diesen Nächten träumst, können Hinweise auf die kommenden Monate sein. Wenn du in der Nacht vom 24. auf den 25. Dezember beispielsweise von einem Kuss träumst, kann das bedeuten, dass du dich im Januar verliebst. Die Träume in der Nacht vom 25. auf den 26. Dezember geben Einblicke in den Februar und so zieht sich das über alle zwölf Nächte hinweg. Achte aber auch auf alle Tagträume und Impulse während des Tages.

* Durch das Ausräuchern deiner Wohnung kannst du „böse Geister“ vertreiben, damit sich ihre negative Energie nicht auf dich überträgt. Das heißt, du transformierst damit die Energien in deiner Wohnung. Je öfter du das machst, umso höher der Effekt, da sich die positive Energie immer mehr potenziert und die negativen Energien im Rauch umgewandelt bzw. aufgelöst und vertrieben werden.

* Lass dich von Kristallen verzaubern und nutze ihre energetische Hilfe. Wenn Kartenziehen dein Ding ist, gönne dir ein neues Kartendeck und tauche tiefer in seine Botschaften ein.

* Führe in dieser Zeit ein Rauhnacht-Tagebuch, damit dir deine Träume und Gedanken nicht verloren gehen.

Die Rauhnächte beginnen immer zu Mitternacht. Selbstverständlich kannst du die Energie der Rauhnächte auch am Tag nutzen, da zwischen den Rauhnächten eine Zeitspanne von 24 Stunden liegt.

NICHT VERGESSEN:

Bereite dich gut auf die Rauhnächte vor: Kaufe alles Notwendige im Voraus und plane gezielte "MeTime"-Zeitfenster in deinem Terminkalender ein. Damit bist du bestens vorbereitet und kannst ohne Hektik und voller Freude in diese magische Zeit eintauchen. Es handelt sich um Momente, in denen du intensive Qualitätszeit allein verbringst. Doch es kann ebenso bereichernd sein, diese Erfahrungen mit anderen zu teilen. Vielleicht möchtest du die Rauhnächte gemeinsam mit einer Freundin erleben oder an einem OnlineRetreat teilnehmen. Was auch immer dir einfällt und sich richtig anfühlt, ist genau das, was du in diesem Lebensmoment brauchst

WINTERSONNENWENDE 21. DEZEMBER – DIE LÄNGSTE NACHT DES JAHRES

Die Sehnsucht nach dem Licht lässt das Samenkorn erwachen.

Es bahnt sich seinen Weg, den Weg zum Keimen, den Weg ins Licht. – Angelika Maria Puhlmann-Kohn

Es ist an der Zeit, die Schwelle zur magischen Zeit außerhalb der Zeit zu betreten. Das alte Jahr liegt tief eingegraben in unserem Bewusstsein und hat zahlreiche Spuren in unserer Seele hinterlassen – gute wie auch weniger gute. In der Nacht der Wintersonnenwende stehen wir mit einem Fuß im alten und mit dem anderen Fuß im neuen Jahr. Wir betreten leisen Schrittes die 12 Tage und Nächte des Zwischenraumes.

Die Wintersonnenwende ist die tiefste und längste Nacht des Jahres. Das Licht nimmt von nun an wieder stetig zu, mit jedem einzelnen Tag geht die Sonne ein wenig früher auf und ein wenig später unter – bis sie zur Sommersonnenwende wieder in ihrer vollen Blüte steht.

Die Geburt der Sonne steht für den Neubeginn allen Lebens. Der Kreislauf des Jahres beginnt von vorn. Das Licht triumphiert über die Dunkelheit. In der Nacht der Wintersonnenwende nehmen wir von allem Abschied, was im Dunkeln verborgen bleibt, und heißen das Licht willkommen. Diese Wandlung eignet sich hervorragend für ein Feuerritual.

Wir alle tragen Schatten in uns, verstecken Bereiche unseres Selbst in der Dunkelheit. Die Nacht, die eine neue Sonne gebiert, solltest du dafür nutzen, um Licht in dieses Dunkel zu bringen. Es ist an der Zeit, diese Schatten anzunehmen und zu integrieren; Altes, nicht Dienliches in Dankbarkeit loszulassen und das Licht in dir mehr und mehr zum Strahlen zu bringen.

Um erkennen zu können, was für dich wirklich wichtig ist, bedarf es zuvor einer Klärung. Es ist wichtig, während dieser Tage die Klärung alter Themen, tiefer Wunden und Unzufriedenheiten einzuleiten. Betrachte die Natur und tu es ihr gleich:

Die Natur ruht momentan still in sich. Horche während dieser Tage neutral und nicht bewertend in dich hinein, erkenne alles, was nicht dienlich ist, lass alles Schwere los und richte dich aufs Neue aus, um dann dein Licht heller denn je erstrahlen zu lassen. Es ist an der Zeit, aufzuräumen, Dinge zu Ende zu bringen und für all das dankbar zu sein, was uns das Leben an Erfahrungen und Wachstum geschenkt hat.

DAS PASST ZUM HEUTIGEN TAG:

* Heute ist ein sehr guter Tag, um die Wiedergeburt des inneren Lichtes auch energetisch mit dem Entzünden von Kerzen und Räuchern der Wohnräume zu unterstützen. Wenn du die Gelegenheit hast, wäre auch ein Feuerritual in der Natur eine sehr schöne Möglichkeit, die Geburt des Lichtes zu feiern.

* Du kannst ein erstes Loslassen zelebrieren, indem du Dinge, die dir nicht mehr dienlich sind, auf einen Zettel notierst und mit dem Rauch im Feuer ziehen lässt.

* Bereite dich vor auf die nächsten Tage, indem du die nächsten Seiten in dem Buch durchliest und schaust, was du davon umsetzen möchtest. Beschäftige dich mit den Tagesfragen.

* Überlege dir, ob du, begleitend zum Buch, einen Kurs machen möchtest und dich mit anderen verbinden möchtest. Schau dazu in den sozialen Medien oder im Internet, ob du jemanden findest, vielleicht sogar eine Person in deiner Nähe.

RITUAL ZUM LOSLASSEN FÜR DEN HEUTIGEN TAG:

Schreibe alles, was du gerne loslassen möchtest, auf einem Zettel.

Stelle eine Kerze auf oder, wenn du die Möglichkeit hast, entzünde ein Feuer im Freien.

Stelle eine feuerfeste Schale (Topf, Untersetzer …) bereit, wenn du mit der Kerze im Raum arbeitest.

AFFIRMATION FÜR DIE WINTERSONNENWENDE:

Ich bin dankbar für alles,
was ich im letzten Jahr erfahren durfte,
und lasse all das, was sich schwer anfühlt,
in Liebe los.

Ätherische Düfte:

MYRRHE
BERGAMOTTE
WEIHRAUCH
THYMIAN

Räucherkräuter:

MISTEL
BEIFUSS
ALANTWURZEL
JOHANNISKRAUT

Vielleicht möchtest du diesen Tag auch zum Räuchern nutzen?
Heute Nacht ist die reinigende Kraft des Räucherns besonders stark.

Nimm dir Zeit, erde dich und denke an das vergangene Jahr mit seinen guten und schlechten Zeiten. Bleibe dabei in einer dankbaren Haltung und konzentriere dich auf die Absicht des Loslassens.

Zünde nun den Zettel an der Kerze an oder wirf ihn ins Feuer.

Verabschiede dich mit den Worten: „Ich danke dem Universum für die Erkenntnisse und lasse alles in Liebe gehen." Du kannst diese Worte laut oder in Gedanken aussprechen.

Lass den Zettel in der vorbereiteten feuerfesten Schale verbrennen.

Journaling-Fragen:

Was hat mir in diesem Jahr nicht gut gefallen/gutgetan?
Was möchte ich loslassen, wovon will ich mich trennen?
Was darf bleiben und möchte noch verstärkt werden?
Was will im neuen Jahr vermehrt werden?
Wie will ich mich im neuen Jahr fühlen?
Was kann ich dafür tun?
Was will ich im neuen Jahr erleben oder erreichen?

22. UND 23. DEZEMBER

Nutze die nächsten Tage, um dich auf die Rauhnächte vorzubereiten. Wenn du in diesen Tagen Impulse bekommst zu den Fragen, die du dir zur Wintersonnenwende gestellt hast, dann notiere sie dir in deinem Tagebuch.

Sei froh und dankbar, dass du die Entscheidung getroffen hast, diese Tage bewusst zu durchlaufen. Gehe alles langsam an und überfordere dich nicht. Hier geht es nicht darum, die Dinge perfekt zu machen, sondern einfach nur darum, die Zeit zu genießen und die Energie dieser Tage so zu nutzen, wie es für dich optimal ist und wie es am besten in deine Tagesroutine passt.

Denke noch einmal daran, dir feste Zeiten zu reservieren und deine Familie darüber zu informieren, dass dir diese Zeit wichtig ist. Besorge alles, was du für dich brauchst und verwenden möchtest. Hier findest du noch einmal die Tipps in einer Auflistung.

DENKE AN:

„MeTime"-Platz – dein Sacred Place
Wo soll dieser Platz sein? Wie genau soll es dort aussehen? Was willst du dort alles vorfinden? Bleiben diese Dinge während der gesamten Zeit an einem Platz oder benötigst du eine Schachtel oder eine Truhe? Was fehlt noch? Lass deine Seele sprechen und mach es so, wie es sich für dich gut anfühlt.

Einkaufsliste überprüfen und fehlende Dinge besorgen
Freiräume schaffen und Familie informieren

Kurs suchen und buchen, falls du mit Gleichgesinnten verbunden sein willst: Das Buch durchblättern und dir einen Überblick verschaffen.

Willst du räuchern? Welche Kräuter willst du dafür nehmen?

Willst du ätherische Öle verwenden? Welche brauchst du noch?

Denke daran: Räucherrituale werden getrennt von ätherischen Ölen angewendet. Auch brauchst du immer nur eines der empfohlenen Öle, oder du besorgst dir eine passende Mischung.

24. DEZEMBER – HEILIGABEND

In der Nacht zum 25. Dezember, genau um 24:00 Uhr, beginnen die Rauhnächte. Nutze diesen heutigen Tag, den Heiligen Abend, während die Familienfeier ausklingt, um dich einzustimmen, zur Ruhe zu kommen und die letzten Tage in Frieden zu verabschieden.
Das Fest der Liebe ist auch ein Fest des Friedens. Liebe, Licht und Frieden in dein Inneres und in dein Lebensumfeld zu lassen, ist ein wesentlicher Faktor der Rauhnächte.

Der Heilige Abend ist gut geeignet für das Räuchern, um bewusst abzuschließen, loszulassen und den Raum zu klären für das, was nun kommt. Werde dir während des Auflegens der Kräuter auf die Räucherschale bewusst, welche Begegnungen und welche Erfahrungen des letzten Jahres besonders prägend für dich waren. Sei dankbar dafür und lass sie mit dem Rauch in Frieden und Dankbarkeit ziehen.

Du wirst in den Rauhnächten immer wieder mal Dinge loslassen und reinigen, Neues einladen und Altes in Dankbarkeit ziehen lassen. Heute ist nach der Sonnenwende der zweite Tag, dies mit Achtsamkeit zu tun.

Die einzelnen Tage
Dein Weg zu dir

Die magischen Tage- deine Reise beginnt

Die Zeit der Rauhnächte beginnt mit dem 25. Dezember um Mitternacht und lässt ihre Magie bis Mitternacht des 26. Dezember wirken. Du hast also jeden Tag von Mitternacht bis Mitternacht Tagesenergie, die du nutzen kannst. Sei aber nicht zu dogmatisch, wenn du mal in einen Engpass gerätst; mach es einfach dann, wenn du spürst, es passt für dich.

Auf den nächsten Seiten findest du zu jeder Rauhnacht und ihrer besonderen Energie Hinweise und Empfehlungen, die du für dich nutzen kannst. Während der gesamten Zeit lohnt es sich, in die Achtsamkeit und ins Beobachten zu gehen. Beobachte deine Träume, die Natur, das Wetter, die Stimmungen und notiere dir, was dir daran besonders auffällt. Jede Nacht steht für einen Monat. Gestartet wird mit dem 25. Dezember, der für den Jänner steht.

Die Fragen für die täglichen Beobachtungen sind hier nur ein Mal aufgelistet. Sie wiederholen sich täglich und sollen dich immer mehr in Verbindung mit den Energien dieser besonderen Zeit bringen.

Stelle dir diese Fragen täglich und lausche, was sich dir zeigt. Gehe in die Stille und öffne dich den Antworten. Beim Monat darfst du immer den aktuellen Monat der jeweiligen Rauhnacht einfügen.

TIPP:
Schreibe dir die Fragen am Besten in dein Rauhnächtetagebuch, dann hast du sie immer gleich abrufbar.

Tägliche Journaling Fragen:

Was hast du geträumt? (Hast du unruhig geschlafen, hast du gut geschlafen, warst du müde beim Aufstehen ...?)
Wer ist dir in deinen Träumen begegnet?
Wie fühlt sich der Tag an?
Welche Themen sind an diesem Tag in dir hochgekommen?
Wie ist das Wetter? Was macht das mit dir? Wie fühlt es sich an?
Wie fühlst du dich?
Welche Zeichen oder Symbole begegnen dir?
Was bedeuten sie für dich?
Welche Wunder begegnen dir?
Wie fühlst du, wird dieser Monat im nächsten Jahr werden?
Was könnte dir in diesem Monat Kraft geben? (Affirmationen, Menschen, Symbole, Steine, Farben)
Auf welche Fragen möchtest du gerne Antworten für dich finden?
Werde zur Beobachterin und deute die Zeichen deines Lebens.

„Verbringe jeden Tag einige Zeit mit dir selbst."

Dalai Lama

1. Rauhnacht

25. Dezember
JÄNNER

Erkenne und anerkenne deine Wurzeln, dein Fundament, deine Verbindung zu deinen Ahnen.

Die Tore der magischen Zeit sind geöffnet und die Zeitqualität ändert sich.

„Eine verwurzelte und zentrierte Frau lebt und wirkt aus der Fülle ihres Seins und nicht aus ihrem Verstand heraus.«
– Maitreyi D. Piontek

ERSTE RAUHNACHT

25. Dezember – Die Tore der magischen Zeit öffnen sich und die Zeitqualität verändert sich.
Diese erste Rauhnacht steht symbolisch für den Jänner. Heute geht es um die Wurzeln, das Fundament, deine Ahnen, die Verbindung.

DAS PASST ZUM HEUTIGEN TAG:

Heute ist der Start: dein bewusster Einstieg in die Rauhnächte. Es ist der Tag, um dein Fundament und deine Wurzeln zu stärken. Ziehe dich zurück und besinne dich. Starte mit Achtsamkeit in die Rauhnächte und richte dich darauf aus, diese Zeit für dich zu gehen. Denke und besinne dich, warum dir diese Tage so wichtig sind und du deiner Seele Raum geben willst, diese besondere Zeit für dich zu nutzen. Denn auch dieser Tag ist sozusagen ein Fundament: das Fundament deines Weges durch die Rauhnächte.

Besinne dich deiner Ahnen. Kennst du den Stammbaum deiner Familie? Du bist mit deinen Ahnen verbunden. Was weißt du noch über deine Familie und deine Vorfahren? Vielleicht hast du die Möglichkeit, heute mit Familienmitgliedern über deine Ahnen zu reden und mehr darüber zu erfahren, welche Fähigkeiten sie in sich trugen.

Räucherkräuter:

WEIHRAUCH - WACHHOLDER - LAVENDEL
SALBEI

Ritual für den heutigen Tag:

Zünde heute für alle, die du liebst, eine Kerze an und bedanke dich während des Anzündens beim Universum für diese Menschen in deinem Leben. Spüre diese Dankbarkeit und richte deine Aufmerksamkeit auf die Flamme der Kerze. Komme zur Ruhe und spüre tief in dein Herz hinein. Vielleicht kannst du diese Energie der Liebe, der Dankbarkeit und der Verbindung zu diesen Menschen spüren. Sorge für eine feuerfeste Auflage der Kerze, dann lasse die Kerze die gesamte Nacht und den ganzen Tag brennen.

Heute geht es um das Fundament und die Wurzeln. Denke heute an deine Füße, sie sind das Fundament deines Körpers. Schenke ihnen deine Aufmerksamkeit und mache ein Fußbad oder eine Fußmassage. Dafür kannst du die angegebenen ätherischen Öle verwenden. Sie stärken das Wurzelchakra, deine energetische Verbindung zur Erde und dein (Ur-)Vertrauen.

"Ich segne meine Ahnen und heile meine Wurzeln."

Journaling-Fragen:

Wie war dein letztes Jahr und welche Dinge/Personen/Ereignisse/Erlebnisse haben dein Leben und dein Handeln geprägt?
Auf welchem Fundament stehst du gerade in deinem Leben (Familie, Partnerschaft, Finanzen, Gesundheit, Beruf)?
In welchen dieser Bereiche fühlst du dich „angekommen“ im Leben?
Welche dieser Bereiche geben dir Sicherheit?
Wo sehnt sich deine Seele nach mehr Klarheit?
Was oder wer spendet dir Kraft und gibt dir Halt?
Bei welchen Dingen oder Menschen fühlst du dich nicht so kraftvoll?
Was davon will gehen und losgelassen werden oder Heilung erfahren?
Woran hältst du vielleicht noch fest, obwohl es dir keine Sicherheit und Kraft mehr bietet?
Wo stehst du kraftvoll im Leben und fühlst dich bereits verwurzelt?
Wo spürst du eine tiefe Verbindung und Dankbarkeit?

1. Rauhnacht

26. Dezember

FEBRUAR

Lass dich von deinem höheren Selbst leiten und höre auf die Weisheit deines Herzens.

Lausche deiner inneren Stimme.

„Als ich mich selbst zu lieben begann, konnte ich erkennen, dass emotionaler Schmerz und Leid nur Warnungen für mich sind, gegen meine eigene Wahrheit zu leben. Heute weiß ich: Das nennt man AUTHENTISCH SEIN."
– Charlie Chaplin

ZWEITE RAUHNACHT

26. Dezember – Lausche deiner inneren Stimme.
Diese zweite Rauhnacht steht symbolisch für den Februar.
Gehe das heutige Thema mit Liebe an – es geht um dein „Higher Self". Dabei gilt es, aus dem Herzen heraus mit gestärktem Selbstvertrauen die beste Version deiner selbst zu erkennen und zu erspüren.

DAS PASST ZUM HEUTIGEN TAG:

Die Samen in der Erde, aber auch die Samen in uns warten darauf, von Licht und Wärme zum Keimen gebracht zu werden. Der heutige Tag eignet sich sehr gut, um dich mit deiner inneren Stimme in Verbindung zu setzen. Das geht gut, wenn man sich in der Stille besinnt und auf sich konzentriert. Ein Spaziergang in der Natur ist dafür sehr gut geeignet. Verbinde dich mit dir und deiner inneren Weisheit. Stelle dir gute Fragen und öffne dich für die Antworten, die sich dir zeigen.

Notiere dir alles, was dir auf deinem Spaziergang besonders vorkommt. Das können Wolkengebilde sein, die dir etwas sagen wollen. Es können auch Tiere sein, ein besonderer Stein, der dir wegen seiner besonderen Farbe und/oder Form auffällt, oder ein Baum, der sich dir auf seine besondere Art zu erkennen gibt. Was es auch ist, öffne dich für Impulse und dafür, was dein Herz dir sagt. Verbinde dich mit deiner inneren Weisheit und lass dich von ihr führen.

Räucherkräuter:

HOLUNDER - WACHOLDER - LORBEER
EISENKRAUT

Ritual für den heutigen Tag:

Verbinde dich mit deinem Herzen. Verwende dazu folgende Kurzmeditation: „Mit dem Herzen atmen".
Suche dir im Sitzen oder Liegen eine bequeme Position und halte diese für ca. 5 Minuten.
Schließe die Augen und richte deine Aufmerksamkeit auf deinen Herz-Raum.
Wenn der ganze Körper entspannt ist, lege eine Hand auf dein Herz.
Nimm deinen Herzschlag wahr und stelle dir vor, wie du mit deinem Herzen atmest.
Atme ruhig und tief, bis du den Rhythmus deines Herzatems erkennst und mit diesem in Harmonie atmest.
Verharre so lange in dieser Meditation, wie es für dich angenehm ist. Um einen spürbaren Effekt zu erzielen, sollten es aber mindestens 5–10 Minuten sein.

„Ich erkenne meine Schöpferkraft."

Journaling-Fragen:

Wo lässt du keine Veränderungen zu? Warum?
Bei welchen Impulsen hörst du nicht auf deine innere Stimme?
Was wird dich in diesem Jahr begleiten (welches Tier, welche Farbe …)?
Welcher Baum gibt dir Kraft?
Welcher Edelstein begleitet dich im nächsten Jahr?
Mit welchen Menschen möchtest du mehr Kontakt pflegen?
Wer wird dich im nächsten Jahr begleiten (innerer Mentor, spiritueller Meister …)?
Was kannst und willst du noch loslassen? Was fühlt sich immer noch schwer an?
Was gehört nicht mehr zu dir?
Was sind deine Ziele für das neue Jahr?

3. Rauhnacht

27. Dezember
MÄRZ

Aufbruch und Neubeginns. Öffne dein Herz für die Möglichkeiten, die sich zeigen, und folge deinen Herzensimpulsen.

Öffne dein Herz und erkenne die Wunder.

Öffne dein Herz und weite deinen Blick.
Lass die Dinge los, die du nicht ändern kannst.
Schenke deinem Geist Frieden.
– Sabine Fels

DRITTE RAUHNACHT

27. Dezember – Herzöffnung
Die dritte Rauhnacht steht symbolisch für den März.
Heute geht es um Aufbruch und Neubeginn.
Stichworte: Herz öffnen, Wunder einladen, dankbar sein, Frieden spüren, Verbundenheit

DAS PASST ZUM HEUTIGEN TAG:

Im März beginnt der Frühling und das Leben erwacht. Die Blumen beginnen zu blühen, Tiere erwachen aus dem Winterschlaf und in uns werden Frühlingsgefühle geweckt. Öffne dein Herz für die Dinge, die sich zeigen wollen. Bedingungslos lieben heißt alles anerkennen, was ist. Öffne dich liebevoll für all die Impulse, die kommen, und erkenne sie an als deine Herzensimpulse für deinen Weg.

Heute ist auch ein guter Tag, dir deine Liebe zu beweisen. Wie gut du auf dich selbst achtest und mit dir selbst umgehst, zeigt auch, wie gut du mit anderen umgehst. Nimm heute mal zur Entspannung ein Fußbad mit Lavendelöl. Oder mach einfach das, was dein Herz dir sagt. Folge deinem Herzen, um zu zeigen, dass du dich bedingungslos liebst. Zur Selbstliebe gehören auch die Selbstannahme und die Selbstfürsorge.
Was du heute noch tun kannst, ist, all die Herzenswünsche, die sich dir zeigen, zu formulieren und niederzuschreiben. Notiere dir deine Herzenswünsche und Ziele für das kommende Jahr.

Räucherkräuter:

ROSENBLÜTE - FRAUENMANTEL
HOLUNDER - RINGELBLUME
EISENKRAUT - ROSMARIN

Ritual für den heutigen Tag:

Gehe heute in die Dankbarkeit und öffne dein Herz.
Bedingungslose Liebe zu anderen und tiefe Liebe zu dir selbst öffnen das Herz. Das bedeutet, dich so anzunehmen, wie du bist, mit all deinen Schattenseiten, auch diejenigen, die du hinter einer dicken Mauer versteckst, aus Angst, verletzt zu werden. Das bedeutet, alte Verletzungen loszulassen und dich mit all deinen Gefühlen, die du in dir trägst, zu zeigen. Das bedeutet, all diese Blockaden, Ängste und Sorgen loszulassen.
Das erfordert Mut. Sei mutig. Habe Vertrauen.
Öffne dich für die Liebe zu dir selbst und die Liebe zu anderen.
Heute ist auch der Tag, an dem Wünsche und Ziele formuliert werden können. Herzenswünsche, Ziele und tiefe innere Leidenschaften sind der Hinweis auf unsere Lebensbestimmung – sie zu verfolgen, ist Liebe zu dir selbst. Alles, was Liebe erweckt, ist das innere Feuer. Nimm dir ZEIT für die Journaling-Fragen und beginne, dir ein Visionboard zu erstellen.

"Ich öffne mein Herz und teile meine Liebe."

Journaling-Fragen:

Was machst du am liebsten?
Was macht dir Freude?
Was lässt dich erstrahlen und dich quicklebendig fühlen?
Was wolltest du immer schon einmal tun, hast dich aber nie getraut?
Wer war im letzten Jahr immer für dich da? Wie kannst du dieser Person dafür danken?
Wie kannst du dir selbst noch mehr Liebe schenken?
Was braucht dein Herz, um zu heilen und sich vollkommen zu öffnen?
Was ist in der Balance und fühlt sich gut an?

Vergib dir selbst und anderen – öffne dein Herz.
„Du und ich – wir sind eins. Ich kann dir nicht wehtun, ohne mich zu verletzen."
– Mahatma Gandhi

4. Rauhnacht

28. Dezember
APRIL

Im Zeichen des Wandels
lass das Alte los, um Platz für das
Neue zu schaffen, das auf dich wartet.

Wandle und bereinige was dir nicht dienlich ist
und sich schwer anfühlt.

„Wer unfähig ist zu vergeben, ist unfähig zu lieben."
– Martin Luther King

VIERTE RAUHNACHT

28. Dezember – Wandlung und Bereinigung
Die vierte Rauhnacht steht symbolisch für den April. Heute geht es um Auflösung und Transformation. Diese Rauhnacht steht im Zeichen des Wandels – wechselhaft wie das typische Aprilwetter. Auch die Natur ist im Wandel und alles kommt neu. Es gilt, das Alte, nicht Dienliche loszulassen und dich auf das Neue vorzubereiten. Stichworte: loslassen, sich neu ausrichten, Gewohnheiten überdenken, abschließen, heilen, vergeben, Neuanfang

DAS PASST ZUM HEUTIGEN TAG:

Heute kannst du noch einmal alles wandeln und bereinigen. Du kannst alte Verletzungen mit den Tagesfragen durchleuchten, du kannst vergeben, loslassen und mit der Violetten Flamme auflösen. Ebenso eignet sich diese Rauhnacht dafür, um alle Impulse wahrzunehmen und zu erkennen, was für dich der richtige Weg ist. Das erkennst du am besten daran, indem du in dich hineinspürst, was sich für dein Herz gut anfühlt. – Auch kannst du an deinem Visionboard weiterarbeiten.
Heute ist eine sogenannte Schlüsselnacht („Tag der unschuldigen Kinder"). Heute solltest du alles, was in den vergangenen Nächten nicht gut gelaufen ist, auflösen. Schreibe alles auf, was dich an Negativem begleitet. Nimm dann einen zweiten Zettel und formuliere es um ins Positive. Verbrenne den „negativen Zettel" und sei dankbar, dass nun alles so verändert wird, wie es sich für dich leicht und richtig anfühlt. Sollten doch wieder die negativen Gedanken in dir hochkommen, sieh auf den „positiven Zettel" und verinnerliche die positiven Formulierungen.

Räucherkräuter:

WACHHOLDER - WEISSER SALBEI
ROSENBLÄTTER - BEIFUSS

Ritual für den heutigen Tag:

Auflösung mittels der Violetten Flamme:

Stelle dir vor deinem inneren Auge eine leuchtende violette Flamme vor. Sie besitzt die Kraft, alles zu transformieren und zu erneuern. Lass alles, was dir nicht mehr dient, was schwer und belastend wirkt, in diese Flamme fließen. Sie nimmt es auf und wandelt es um. Alles, was nicht mehr zu deinem höchsten Wohl beiträgt, darf jetzt in Frieden und Dankbarkeit gehen. Spüre, wie diese Transformation dir neue Energie und Klarheit schenkt. Mit jedem Atemzug fühlst du dich leichter und befreiter. Alles, was mir nicht mehr dienlich ist und was nicht (mehr) zu mir gehört, darf jetzt in Frieden gehen. Danke. Und denke daran: Jeder Moment, in dem du dich für diese bewusste Reinigung entscheidest, ist ein Schritt hin zu deinem wahren Selbst und deinem inneren Frieden.

Der Schwache kann nicht verzeihen.
Verzeihen ist eine Eigenschaft des Starken.
Mahatma Gandhi

"Ich vergebe mir selbst und allen anderen."

Journaling-Fragen:

Was möchtest du aus dem vergangenen Jahr konkret loslassen?
Was möchtest du im alten Jahr lassen? (Gedanken, Gewohnheiten, Erlebnisse, Menschen)
Welche neuen Gewohnheiten und Gedanken möchtest du etablieren?
Denke daran: Vergebung ist in erster Linie reinigend und heilend für den, der vergibt, denn du befreist dich von etwas, was deine Freude zerstört und dich daran hindert, wirklich bedingungslos zu lieben. Vergib nicht, weil der andere es verdient, sondern weil du es verdienst, in Frieden und Freude zu leben!
Mit wem hattest du dieses Jahr Konflikte?
Belastet irgendein Erlebnis noch immer dein Herz? Wenn ja, bist du bereit, es anzunehmen, zu heilen und loszulassen?
Was durftest du durch diese Erfahrung für dich lernen?

5. Rauhnacht

29. Dezember
MAI

Liebe und Freundschaft
nähren deine Seele.
Denke dabei nicht nur an andere,
sondern schenke auch dir selbst Liebe.

Pflege Freundschaft und Selbstliebe.

„Man kommt in der Freundschaft nicht weit, wenn man nicht bereit ist, kleine Fehler zu verzeihen."
- Jean de La Bruyère

FÜNFTE RAUHNACHT

29. Dezember – Freundschaft und Selbstliebe
Die fünfte Rauhnacht steht symbolisch für den Mai. Heute geht es um Liebe und Freundschaft – und da solltest du nicht nur an andere denken, sondern auch an die Liebe zu dir selbst.

DAS PASST ZUM HEUTIGEN TAG:

Nach der gestrigen Transformation, wo du Altes transformiert hast, geht es heute um die Verbundenheit mit dir selbst und mit anderen. Wenn wir an Freundschaft denken, vergessen wir dabei oft uns selbst, dabei sollten wir uns selbst doch die allerbeste Freundin sein. Viel zu oft sind wir unsere schärfsten Kritiker und zweifeln an uns selbst. Denke daran und mache den heutigen Tag zu einem Freundschaftstag.

Denke dabei an alle Freunde, mit denen du nicht mehr so viel Kontakt hast; sei es, weil du so beschäftigt warst oder weil ihr im Streit auseinandergegangen seid.
Was braucht es, damit du Heilung und Frieden findest? Gehe in die Vergebung. Vergib dem anderen, vergib dir selbst und sende Licht und Liebe zu allen Freunden.

Wenn du spürst, dass du jemandem aus deinem Freundeskreis sehr dankbar für etwas bist, rufe denjenigen an, schreibe ihm einen Dankesbrief oder mache ihm vielleicht sogar ein Geschenk. Was auch immer du tust: Zeige deinen Freunden, dass du sie schätzt und dass sie dir wichtig sind.

Räucherkräuter:

ROSE - SALBEI - ANGELIKA - MISTEL
HOLUNDERBLÜTE

Ritual für den heutigen Tag:

Schreibe dir heute einen Liebesbrief. Mach ein Experiment daraus. Wenn es dir schwerfällt, Gutes über dich zu schreiben, denke an deine beste Freundin. Was würdest du ihr sagen oder schreiben? Schreibe diese Worte an dich selbst (natürlich nur die Dinge, die auch für dich passen). Ich wünsche dir viel Spaß dabei.

Tipp: Wenn du magst, falte den Brief zusammen, packe ihn in ein Kuvert, schreibe deine Adresse darauf und bitte jemanden aus deinem Bekanntenkreis, den Brief aufzubewahren und irgendwann im Laufe des Jahres an dich zu senden.

Pflege deine Freundschaften:

Verbringe heute Zeit mit jemandem, der dir am Herzen liegt. Das kann eine Freundin sein, jemand aus deiner Familie, dein Partner – oder du lädst dich selbst auf ein Date ein und verbringst Zeit mit dir selbst.

Pflege deine Freundschaften und Beziehungen am heutigen TAG.

Wenn es gerade nicht anders geht, triff dich auf einen gemeinsamen Online-Kaffeetratsch.

"Ich werde geliebt und ich liebe mich selbst.

Journaling-Fragen:

Bist du es wert, geliebt zu werden?
Gibt es eine Frage, die dir schon lange im Herzen brennt?
Wer von deinen Freunden hat dich im vergangenen Jahr enttäuscht?
Hast du ihm das schon vergeben?
Achtest du immer gut auf dich selbst?
Bist du dir selbst eine gute Freundin?
Pflegst du deine Freundschaften regelmäßig oder könnte es mehr sein?

Freundschaft ist eine Tür zwischen zwei Menschen. Sie kann manchmal knarren, sie kann klemmen, aber sie ist nie verschlossen.

Balthasar Gracián y Morales

6. Rauhnacht

30. Dezember
JUNI

Bereinige und lasse los, um Platz zu schaffen und Raum für Neues zu öffnen; nimm deine Gefühle an, um sie wahrhaftig loslassen zu können.

Lasse Altes los und entdecke das Neue.

„Wer immer nur das tut, was er immer getan hat, wird auch immer nur das bekommen, was er schon immer bekommen hat." – Henry Ford

SECHSTE RAUHNACHT

30. Dezember – Bereinigen und Loslassen
Die sechste Rauhnacht steht symbolisch für den Juni. Heute geht es noch einmal darum, loszulassen und dir selbst Gutes zu tun. Der Tag steht für den Juni und da findet die Sommersonnenwende statt. Wir werden an das Vergängliche erinnert, denn die Sommersonnenwende markiert den Übergang vom Licht ins Dunkel.

DAS PASST ZUM HEUTIGEN TAG:

Heute ist erneut ein Tag, um loszulassen, aber auch ein Tag, an dem du dich endlich mit dem beschäftigen kannst, was du aufgrund mangelnder Zeit schon immer vor dir herschiebst. Beweise dir deine Selbstliebe und mache spontan das, was du schon immer machen wolltest. Wenn es spontan nicht möglich ist, notiere es in deinem Tagebuch, vielleicht sogar mit einem Datum versehen.

Nutze die letzten Stunden des Jahres auch noch einmal dazu, um loszulassen, auszusortieren, alte Rechnungen zu begleichen, Probleme mit anderen Menschen aus dem Weg zu räumen und dich auszusprechen oder ein Vergebungsritual durchzuführen. Befreie deinen Körper und deine Seele und mache reinen Tisch.
Diese Rauhnacht ist auch dafür da, um sich mutig für Neues zu öffnen. Habe Mut, deine Komfortzone zu verlassen und das Neue zu empfangen. Magie geschieht außerhalb deiner Komfortzone, fernab eines Sicherheitsnetzes. Wenn du beginnst, deine Komfortzone zu verlassen, dann beginnt das Abenteuer Leben.

Räucherkräuter:

EISENKRAUT - KIEFER - KAMPFER
MÄDESÜSS - SALBEI

Ritual für den heutigen Tag:

Schreibe einen Dankesbrief an das letzte Jahr. Überlege, was alles gut gelaufen ist, wo du gewachsen bist und was dich innerlich gestärkt hat. Denke auch an die Herausforderungen dieses Jahres. Sei dankbar für all die Erfahrungen, die du durch diese Herausforderungen sammeln konntest, und sei dankbar, dass sie dich zu der Person haben werden lassen, die du jetzt bist. (Nutze hierfür die Journaling-Fragen.)
Dann schreibe auch einen Dankesbrief an das neue, kommende Jahr. Bedanke dich bereits im Voraus, wie schön es sein wird, was alles an Wundervollem geschehen wird und wie es dich verändern wird.
Du kannst diese Briefe am Ende dem Feuer übergeben und die Asche danach in der Erde vergraben. Das kann irgendwo in der Natur sein oder auch in der Erde einer Zimmerpflanze. Es geht darum, der Erde das zu übergeben, was sich vermehren darf.

*Ich lasse alles los,
was mich schwächt.*

Journaling-Fragen:

Wie oft bist du dieses Jahr aus deiner Komfortzone herausgetreten?
Gab es Momente, wo du etwas getan oder gesagt hast, dass dich herausgefordert und dir einen neuen Aspekt deiner selbst aufgezeigt hat?
Wie hat sich das angefühlt? Und wohin hat es dich gebracht?
Wann warst du besonders mutig?
Schreibe dir nun auf, was du Neues im neuen Jahr machen möchtest. Denke dabei daran: Suche dir bewusst Dinge aus, bei denen du aus deiner Komfortzone heraustreten musst. So stärkst du deinen Mut.
Was möchtest du Neues lernen?
Was möchtest du tun, was keiner von dir erwartet?
Was wirst du zum ersten Mal in deinem Leben tun?
Welche Erfolge wirst du feiern?
Was wirst du in dein Leben einladen?

7. Rauhnacht

31. Dezember

JULI

Bereite dich vor, öffne dich für ein neues Kapitel und verbinde dich mit deinen Träumen und Wünschen, um sie zu manifestieren.

Bereite dich auf das Neue vor.

„All unsere Träume können in Erfüllung gehen, wenn wir den Mut haben, sie zu verfolgen." – Walt Disney

SIEBTE RAUHNACHT

31. Dezember – Vorbereitung
Die fünfte Rauhnacht steht symbolisch für den Juli.
Dieser Tag eignet sich optimal dafür, um Dinge zu manifestieren. Verbinde dich mit deinen Träumen und Wünschen.

DAS PASST ZUM HEUTIGEN TAG:

Die heutige Rauhnacht steht für den Juli, den Sommermonat.
Wir feiern das Leben.
Alles ist fruchtbar und wir sind in unserer Kraft und Blüte.
Dieser Monat ist der Übergang zu neuen Möglichkeiten.
Träume dein neues Leben.
Koste das Leben voll aus. Feiere, genieße, tauche ein ins kühle Nass, erfrische Körper, Geist und Seele.
Zelebriere dich und dein Leben – suche dir deine Lieblingsmusik heraus und tanze.

Im Juli sehen wir die Schönheit und die Fruchtbarkeit – also die Weiblichkeit. Die Fülle.
Öffne dich, weite dich und lade Freude, Liebe und Segen in dein Leben ein.

Verbinde dich heute noch einmal mit all deinen Wünschen und Träumen. Setze sie dir als Ziele. Suche dir deine Leitsterne für das neue Jahr. Der Juli ist der Übergang zu neuen Möglichkeiten. Wofür möchtest du dich öffnen? Träume dein neues Leben.

Räucherkräuter:

ZIMT - MEILISSE - BEIFUSS
ENGELWURZ - KALMUS

Ritual für den heutigen Tag:

Wohnumgebung räuchern:

Heute ist ein Tag, an dem du dein Haus / deine Wohnung räuchern kannst, wenn dir danach ist. Nutze dafür eine Rauhnächte-Mischung oder suche dir einige von den Kräutern aus, die du in der Beschreibung findest. Du kannst dir gern deine eigene Mischung herstellen, gehe dabei intuitiv vor.
Heute ist Silvester. Verabschiede das alte Jahr und ehre es – sei stolz auf dich und tanze, musiziere, singe. Lass den Tag besonders ausklingen und schaffe dir Raum für einen freudvollen Übergang ins neue Jahr.

"Ich erlaube mir groß zu träumen."

Journaling-Fragen:

Was möchtest du nächstes Jahr erschaffen?
Was möchtest du in deinem Leben fühlen, sehen, erleben?
Was bedeutet es für dich konkret, deinen Herzensweg zu gehen und in Fülle zu leben?
Wofür möchtest du dir selbst in einem Jahr gratulieren können?
Welche Erfolge wirst du feiern?
Was würde dein neues Jahr für dich zu einem besonderen Jahr machen?
Was kannst du tun, damit das nächste Jahr ein Glücksjahr wird?
Was wirst du zum ersten Mal in deinem Leben tun?
Was wird auf deinen Fotos zu sehen sein?
Was ist dein größter Wunsch?
Wofür möchtest du dir mehr Zeit nehmen?
Welche Menschen sollen dich umgeben?
Welche Orte möchtest du bereisen?
Wie möchtest du dich heute in genau einem Jahr fühlen?
Wo möchtest du am 31.12. nächsten Jahres sein?

MACHE AUS DEINEN VORSÄTZEN EIN ZIEL

Viele nehmen sich heute Nacht vor, etwas in ihrem Leben zu verändern. Sie fassen VORSÄTZE.

Du machst es anders. – Fasse bitte keine Vorsätze, sondern suche dir drei große Wünsche heraus und formuliere sie als ZIELE für das kommende Jahr. Ziele sollten stets POSITIV formuliert und in der Gegenwart geschrieben sein und ein Datum haben. Träume groß. Habe eine klare Vision mit klaren Zielen.

Was wünschst du dir aus deinem tiefsten Herzen für das kommende Jahr?

Diese Wünsche und Ziele sollen dein Leitstern sein, dein innerer Kompass, deine Motivation trotz aller Hürden und Ungewissheit.
Nimm dir dafür die täglichen Fragen zur Hand und schreibe auf, was spontan deinem Herzen entspringt. Versuche dir deiner Wünsche bewusst zu werden und fühle sie mit jeder Faser deines Herzens. Visualisiere sie, so als wären sie bereits in Erfüllung gegangen. Verbinde dich mit ihnen.

Schreibe abschließend einen Brief an dich selbst.

Formuliere diesen Brief so, dass du an die Person schreibst, die du genau in einem Jahr, am 31. Dezember, sein möchtest. Was ist in diesem Jahr geschehen, dass du nun diese Person bist? Sei liebevoll in der Wortwahl, sei motivierend. Feiere dich und ermutige dich selbst.
Nimm die Journaling-Fragen zur Inspiration.

Dann packst du diesen Brief in einen schönen Umschlag und hebst ihn bis zum nächsten Silvester auf. Vielleicht möchtest du ihn ja in dein Rauhnächte-Tagebuch legen.
Fühle die Schöpferkraft in dir. Du bist die Erschafferin deiner selbst.

„Falls du glaubst,
dass du zu klein bist,
um etwas zu bewirken,
dann versuche mal zu schlafen,
wenn eine Mücke im Raum ist."

Dalai Lama

8. Rauhnacht

1. Jänner
AUGUST

Finde im Rhythmus der Natur deinen
eigenen Neubeginn und nähre ihn mit
Fruchtbarkeit, Fülle und dem
Glück des Lebens.

Lade das Glück in dein Leben und erkenne
die Fülle in dir selbst.

„Man sieht oft etwas hundert Mal, tausend Mal, ehe man es zum allerersten Mal wirklich sieht.«
– Christian Morgenstern

ACHTE RAUHNACHT

1. Jänner – Geburt des Neuen
Die achte Rauhnacht steht symbolisch für den August. Heute geht es um den Neubeginn.

DAS PASST ZUM HEUTIGEN TAG:

Dieser Tag steht für Neubeginn. Du hast das Alte verabschiedet und in Frieden und Dankbarkeit losgelassen. Heute markiert deinen Neubeginn und steht ebenso für Glück, Fülle und Fruchtbarkeit. Es ist ein Tag, um das Glück willkommen zu heißen und dich für die kommenden Monate zu öffnen.

Das alte Jahr ist vorbei, das neue hat gerade erst begonnen. Aus den Samen, die du gepflanzt hast, ist eine zarte, noch fast nicht sichtbare Pflanze gewachsen. Sei achtsam. Sei behutsam. Sei still. Lausche den Botschaften des heutigen Tages besonders, denn der Mythos besagt, dass dein kommendes Jahr so wird, wie dein erster Tag nach Silvester ist.

Ein bewusster Spaziergang an diesem Tag kann besonders heilend sein. Gehe mit einer klaren Intention, öffne dich für das Neue und lass mit jedem Schritt das Alte hinter dir. Stelle dir vor, wie Mutter Erde das Alte liebevoll aufnimmt und transformiert, während du dich dem Neuen zuwendest. Achte während deines Spaziergangs auf kleine Zeichen und Geschenke der Natur, wie eine gefundene Feder oder ein besonderer Stein. Solche Funde könnten das kommende Glück und die Energie des neuen Jahres widerspiegeln.

Räucherkräuter:

IORANGE - MELISSE - ZEDER
ROSE - EISENKRAUT

Ritual für den heutigen Tag:

Lichtdusche
Du kannst heute ein Bad nehmen und noch einmal ganz bewusst alles Alte von dir waschen und das Neue einladen. Gönne dir ein Entspannungsbad oder eine erholsame Dusche. Wichtig dabei: Mache es bewusst! Du kannst auch eine Lichtdusche machen. Das kannst du während des Duschens durchführen, während deines Entspannungsbades oder auch einfach nur mental. Stelle dir dafür eine helle Licht-quelle über deinem Scheitelchakra vor und lade das Licht ein, deinen Körper von allem zu reinigen, was dir in diesem neuen Jahr nicht mehr dienlich ist. Wenn du magst, kannst du dir vorstellen, wie alles, was dir nicht dienlich ist, sich als dunkle Masse aus dem Köper verflüchtigt. Diese Masse fließt zu Mutter Erde zurück, löst sich im Erdkern wieder auf und verwan-delt sich. Am Ende stelle dir deinen licht-erfüllten, gereinigten Körper vor. Beende das Ritual mit Dankbarkeit. Dieses Ritual kannst du immer wieder mal als „energetische Reinigung" durchführen. Du kannst es sogar täglich machen, weil es einfach während der täglichen Dusche durchzuführen ist.

"Ich folge achtsam dem Ruf meines Herzens."

Journaling-Fragen:

Welche der Ideen, Wünsche und Ziele werde ich als Erstes umsetzen?
Was werde ich konkret dafür tun?
Wer kann mich dabei unterstützen?
In welchem Bereich meines Lebens möchte ich wachsen und mich verwirklichen?
Wie kann ich dem heutigen Tag mit Freude begegnen?
Was werde ich heute noch umsetzen und erledigen?

Tipp für den heutigen Tag:
Geh in die Natur, allein oder mit Freunden, ganz so, wie es sich für dich stimmig anfühlt.
Wünsche anderen Menschen Glück
und segne das neue Jahr.

9. Rauhnacht

2. Jänner
SEPTEMBER

Nimm dir einen Moment der Stille, tauche tief in dich selbst ein und lass dich von deinem inneren Licht leiten, um das volle Potenzial zu entfalten, das in dir schlummert.

Sei dankbar und erkenne dein inneres Licht.

„Zu lieben ist Segen, geliebt zu werden Glück."
– Leo Tolstoi

NEUNTE RAUHNACHT

2. Jänner – Segen und Gold
Die neunte Rauhnacht steht symbolisch für den September.
Heute geht es um das innere Strahlen und die Vollkommenheit.

DAS PASST ZUM HEUTIGEN TAG:

An diesem Tag sind Innenreisen besonders kraftvoll. Wenn du bislang noch keine Innenreisen unternommen hast, bietet sich jetzt die ideale Gelegenheit.

Wir können in dieser Nacht sehr gut reflektieren und erkennen, welches Potenzial wirklich in uns steckt. Geplagt durch den Alltag und die täglichen Herausforderungen, vergessen wir oft, welche Kraft wir tief in uns tragen.

Verbinde dich heute mit deinem Licht, deiner goldenen Mitte. Das Gold, welches für den heutigen Tag steht, steht für die Vollkommenheit der Seele.
Stärke deine eigene Mitte und richte dich neu aus. Komme in die Stille, erkenne dein Potenzial, verbinde dich mit deinem goldenen Kern, ordne dein Leben und orientiere dich neu.

Es ist an der Zeit, dass du dich mit deinem goldenen Kern verbindest und voller Vertrauen dein Licht nach außen strahlen lässt. Durch die Rauhnächte wirst du aufgefordert, in der Dunkelheit dein eigenes Licht zu finden und zu stärken.

Räucherkräuter:

ANGELIKA - BEIFUSS
LORBEER - WACHOLDER
JOHANNISKRAUT

Ritual für den heutigen Tag:

Schreibzeremonie: Erkenne deine Erfolge und zelebriere sie mit Dankbarkeit.

Für den heutigen Tag lade ich dich ein, es dir gemütlich zu machen, dich bequem hinzusetzen und eine Kerze anzuzünden mit der Intention: „Ich erkenne alle meine Erfolge und bin dankbar dafür." Nun nimm dir einen Zettel und schreibe alle deine Erfolge darauf.

Das können große Dinge sein, aber auch ganz kleine, die du erfolgreich gemeistert hast. Lass deine Gedanken fließen und notiere alles, was dir dazu einfällt. Nimm dir so viel Zeit dafür, wie du benötigst.

Wenn du alles zu Papier gebracht hast, bedanke dich bei dir selbst für all die Dinge, die du bereits in deinem Leben gemeistert hast.

Dann verwahre diesen Zettel in einer Schachtel oder an einem anderen Ort, wo du ihn jederzeit hervorholen kannst, wenn Selbstzweifel an dir nagen.

"Ich teile mein inneres Strahlen mit der Welt."

Journaling-Fragen:

Was würdest du in deinem Leben ändern oder tun, wenn du wüsstest, dass du auf keinen Fall versagen kannst?
Wer würdest du gerne sein, wenn du für einen Tag in einen anderen Körper schlüpfen könntest?
Warum würde dir das gefallen?
Was wäre so schön daran?
Was sagt das für dich aus und wie würdest du dich dabei fühlen?
Gibt es etwas, was dir besonders wichtig ist, zu erreichen?
Was hindert dich noch daran?
Wie könntest du das lösen und wer könnte dir dabei helfen?
Wer könnte dabei profitieren, dein Licht und dein Potenzial wirklich voll zu entfalten?

Ein weiteres passendes Ritual findest du im Anhang dieses Buches. Es nennt sich „Segen senden" und verhilft dir zu mehr inneren Frieden und Dankbarkeit in deinem Leben.

10. Rauhnacht

3. Jänner
OKTOBER

Lass dich von deinen Visionen und Eingebungen leiten und öffne dich für die unendliche Fülle an Möglichkeiten.

Höre auf deine innere Stimme und vertraue der göttlichen Führung.

„Deine Vision wird nur dann klar, wenn du in dein eigenes Herz schaust. Wer nach außen schaut, träumt; wer nach innen schaut, erwacht."
– Carl Gustav Jung

ZEHNTE RAUHNACHT

3. Jänner – Visionen und Verbindung
Die zehnte Rauhnacht steht symbolisch für den Oktober. Heute geht es um deine Visionen und die Fülle an vielfältigen Möglichkeiten.

DAS PASST ZUM HEUTIGEN TAG:

Die zehnte Rauhnacht ist mit dem Oktober verbunden. Dieser Monat ist der Monat der Fülle und der Reife, aber auch Abschied schwingt ein wenig mit. Du bist im letzten Drittel der Rauhnächte angekommen.
Halte inne und nimm wahr, wie du dich fühlst. Wie waren die letzten Tage für dich? Was hat sich bei dir bereits gezeigt, was hat sich verändert?

Die Energien dieser Rauhnacht sind Harmonie und Ausgleich. Es geht darum, eine innere Balance zwischen Verstand, Gefühl, Intuition und Handeln zu erlangen. Die Energie dieser Rauhnacht unterstützt Eingebungen, Visionen und die Verbindung mit dem Göttlichen.
Höre auf deine innere Stimme und vertraue der göttlichen Führung.

Diese Rauhnacht eignet sich, um Dinge zu manifestieren und dich vollkommen mit deinen Zielen zu verbinden.
Die heutige Rauhnacht will dich daran erinnern, dass du aus dem Vollen schöpfen kannst, aus der Fülle an vielfältigen Möglichkeiten, die dir offenstehen und die du in dir trägst.

Ich bin in jedem Augenblick der
Schöpfer meines Lebens.
Ich habe mein Leben in der Hand
und kann bestimmen welchen
Weg ich wähle.
Jede Entscheidung kann ich
beeinflußen.
Durch meine Gedanken und
mein Handeln.
Trau dich großartig!

Laura Malina Seiler

Heute geht es auch um das (Er-)LEBEN, um goldene Visionen und die goldene Zeit.

Erinnere dich daran, dass du die Erschafferin - die "Createurin" - deines Lebens bist.
Dank deiner Gedankenkraft und deines schöpferischen Potenzials besitzt du eine enorme Gestaltungskraft und es gibt eine Vielfalt an Möglichkeiten, die dir offenstehen. Wohin die Reise letztendlich geht, ist ganz deine Entscheidung.

Diese Nacht eignet sich sehr gut, um unsere bereits aufgeschriebenen Wünsche und Träume zu manifestieren und uns mit ihnen zu verbinden.

Räucherkräuter:

ALANT - WACHOLDER - KALMUS
ENGELWURZ - JOHANNISKRAUT

Ritual für den heutigen Tag:

Verbindung mit deinem wahren Potenzial:

Wie würdest du einen Tag verbringen, wenn alles möglich wäre und es keinerlei Hindernisse gäbe, die sich dir in den Weg stellen?
Stelle dir dazu folgende Fragen: Mit wem verbringst du diesen Tag? Wo verbringst du diesen Tag? Wer erscheint vor deinem geistigen Auge?
Falls du dich dafür entscheidest, diesen Tag auf der Arbeit zu verbringen: Wo arbeitest du? Was arbeitest du?
Welche Gefühle erwecken diese Gedanken in dir?
Und nun denke darüber nach: Was löst in deinem jetzigen Leben dieselben Gefühle in dir aus? Was konkret könntest du tun, um diese Gefühle in deinem jetzigen Leben vermehrt hervorzurufen?

"Ich schöpfe aus der Fülle und lebe mein Potential."

Journaling-Fragen:

Suche nach wiederkehrenden Zyklen und Dingen in deinem Leben:
Wie sahen deine bisherigen Lebensziele aus?
Haben sie sich bereits erfüllt?
Welches Gefühl lösen sie in dir aus?
Was willst du in diesem Leben noch alles erreichen – was sagt dein Herz?
Nun frage deinen Verstand – was sagt der dazu?
Wo gibt es noch Dinge, die dich daran hindern, deine Lebensziele umzusetzen?
Was würdest du deinen Liebsten gerne hinterlassen? Welche Botschaft enthält diese „Hinterlassenschaft"?
Hast du sie bereits in dein Leben integriert?
Falls nicht, was, glaubst du, brauchst du, um dies zu tun?
Wer könnte dir dabei helfen?

11. Rauhnacht

4. Jänner
NOVEMBER

Im Wandel liegt die Kraft des Loslassens. Vertraue dem Fluss des Lebens und dem größeren Plan dahinter.

Jede Veränderung beginnt in dir.

„Nichts ist so beständig wie der Wandel."
– Heraklit von Ephesus

ELFTE RAUHNACHT

4. Jänner – Loslassen und Tod
Die elfte Rauhnacht steht symbolisch für den November. Die heutige Rauhnacht zeigt dir auf, dass alles im Wandel ist. Sie will dir dabei helfen, dein Licht einzuladen, um herauszufinden, wer du wirklich bist.

DAS PASST ZUM HEUTIGEN TAG:

Jede Veränderung beginnt in dir.
Oft verhält es sich so: Damit etwas Neues entstehen kann, muss etwas Altes sterben. An diesem Tag geht es auch um die ewige Wandlung: den Tod.
Wenn du an den Tod denkst, der ebenfalls für diese Rauhnacht steht, kannst du erkennen, dass es einen immerwährenden Kreislauf gibt. Es gibt mehrere Tode, die du in deinem Leben hier auf Erden stirbst. Tagtäglich sterben nämlich zwischen 50.000.000.000 und 70.000.000.000 Zellen in deinem Körper und werden wieder durch neue ersetzt. Das muss man sich einmal vorstellen: 50 Milliarden bis 70 Milliarden Zellen – das ist mehr als das Zehnfache der aktuellen Weltbevölkerung! Unglaublich, oder?
Also: Auch dein Körper befindet sich in einem permanenten Wandel. Leider gelingt es vielen Menschen nicht, ihr eigenes Leben richtig zu genießen und das zu tun, wonach sich ihre Seele wirklich sehnt.
Bring dein Licht zum Leuchten und folge deinem Herzen! Es ist nie zu spät und nie zu früh, um deiner Seele Raum zu geben, dein Licht erstrahlen zu lassen und deine Träume zu verwirklichen. Der richtige Zeitpunkt ist immer genau jetzt! Du hast es in der Hand. Dein Glück liegt nur eine Entscheidung von dir entfernt.

Räucherkräuter:

ROSE - BEIFUSS
ZIMT - KALMUS - HOLUNDER

Ritual für den heutigen Tag:

Für all jene, die bis jetzt und auch am bevorstehenden 6. Jänner keine Gelegenheit finden, bietet der heutige Tag eine wunderbare Chance für eine Hausräucherung. Die Energie dieses Tages pulsiert mit Transformation und Neubeginn.

Hausräucherung: Nutze diesen besonderen Tag, um deine Wohnräume energetisch zu klären. Lass Altes los und schaffe eine harmonische Atmosphäre in deinem Zuhause. Es wirkt befreiend und schafft eine reine Umgebung.

Filmabend: In meinem Rauhnächte-Programm rate ich stets zu einem Filmabend während der elften Rauhnacht. Eine wunderbare Filmempfehlung hierfür ist „Das Beste kommt zum Schluss“. Und wenn du inspiriert bist, warum nicht auch eine „Bucket List“ erstellen? Eine Liste von Erlebnissen und Dingen, die du in deinem Leben noch verwirklichen möchtest.

Zu dieser Thematik gibt es ein sehr gutes Buch von Bronnie Ware mit dem Titel: „5 Dinge, die Sterbende am meisten bereuen“. Dieses Buch kann ich wirklich wärmstens empfehlen.

„Ich erkenne mein inneres Licht."

Journaling-Fragen:

Meditiere heute noch einmal über die folgenden Fragen; einige davon mögen dir eventuell bereits bekannt vorkommen, da sie schon einmal so ähnlich vorgetragen wurden. Umso besser: So kommst du noch mehr in die richtige Wahrheit.

Was ist dir wichtig in deinem Leben?
Wie möchtest du dich fühlen?
Wo findest du dein Glück?
Was erfüllt dich wahrhaftig?
Was willst du noch alles erleben und wobei fühlst du dich so richtig lebendig?
Wer bist DU im Innersten deines Selbst?
Wer möchtest du einmal gewesen sein in diesem Leben?
Wie möchtest du, dass sich die Leute an dich erinnern?

12. Rauhnacht

5. Jänner
DEZEMBER

Mit dem Schließen des Kreises in der
letzten Rauhnacht ist es Zeit,
dein Licht zu verstärken.
Integriere deine Visionen und das, was
du erkannt hast, um in voller Harmonie
und Stärke zu strahlen.

Gehe kraftvoll und mit Leichtigkeit den
Weg des Lichts.

„Du bist die Erschafferin deines Lebens und hast es in der Hand, was du in dein Leben ziehen willst."

ZWÖLFTE RAUHNACHT

5. Jänner – Verstärkung und Bereinigung
Die zwölfte und letzte Rauhnacht steht symbolisch für den Dezember.
Heute ist die letzte Rauhnacht und der Kreis schließt sich – jetzt geht es um das Integrieren und das Zusammenführen.

DAS PASST ZUM HEUTIGEN TAG:

Diese Rauhnacht ist dem Dezember zugeordnet. Er ist der dunkelste Monat des Jahres, während gleichzeitig mit der Wintersonnenwende das Licht geboren wird.
Hier geht es noch einmal um dein innerstes Licht. Es geht darum, dich als Ganzes zu erkennen und dich selbst wertzuschätzen.

Heute ist wieder eine Schlüsselnacht. Alles, was in den vergangenen Nächten nicht gut gelaufen ist, kannst du jetzt auflösen.
Erinnere dich heute noch einmal an das Licht in dir und verstärke es, indem du dich und deine Weiblichkeit stärkst. Erkenne dich als die, die du wirklich im innersten Kern bist.

Tanze, bringe Freude in den Tag und sei bereit für deinen Weg. Die letzten Tage waren sehr spannend. Vieles durfte gehen, es durfte in dein Bewusstsein kommen und sich auflösen, während anderes sich als dir zugehörig oder als dein (neuer) Weg gezeigt hat.

Räucherkräuter:

WACHOLDER - KIEFERNHARZ
HOLUNDER - ENGELWURZ - MISTEL

Ritual für den heutigen Tag:

Loslassen mit der Kraft des Feuers:
Schreibe alles Negative auf einen Zettel. Formuliere es auf einem zweiten Zettel ins Positive um. Du kannst auch einen Zettel verwenden und diesen in 2 Spalten aufteilen. Dafür nimmst du ein Blatt Papier und schreibst auf die linke Seite die Dinge, die nicht positiv waren; auf der rechten Seite formulierst du diese Dinge so um, dass sie positiv sind.
Verbrenne dann die LINKE Spalte mit den negativen Dingen und lasse sie mit der Kraft des Wassers los. Lasse dafür die Asche mit dem Wasser ziehen. Wenn du einen Bach in der Nähe hast, ist das optimal, denn so kannst du dieses Ritual direkt in der Natur vornehmen; es geht aber auch ganz einfach mit der Toilettenspülung, auch wenn das weniger rituell ist – es wirkt aber dennoch, denn denke daran: Unsere Toilette dient uns täglich beim „Loslassen".
Nachdem du alle positiven Dinge, die dir wichtig sind, in dein Journal übertragen hast, kannst du nun auch die RECHTE Spalte verbrennen und die Asche der Erde übergeben (entweder in der Natur oder in die Erde einer Zimmerpflanze).

"Ich habe es verdient glücklich zu sein."

Journaling-Fragen:

Was bringt dir Freude? Was bringt dich zum Strahlen?
Was findest du besonders anziehend an dir?
In welchen Situationen hast du das letzte Mal richtig gestrahlt und wie kannst du dieses schöne Strahlen wieder stärker in deinen Alltag einladen?
Wie kannst du in diesem Jahr ALLEN Gefühlen mehr Raum geben?
Was darf nun endgültig gehen? Was hindert dich noch daran, in dein volles Potenzial einzutauchen?
Was hilft dir, zu entspannen und deinen Geist zur Ruhe kommen zu lassen?
Wann hältst du noch an Erwartungen oder konkreten Ergebnissen fest?
Wie kannst du loslassen und eine Haltung in dein Leben einladen, die mehr von Hingabe geprägt ist? Wie kannst du lernen, (mehr) zu empfangen?
Wann hältst du dich selbst klein und lebst noch nicht dein volles Potenzial?
Wie fühlt es sich an, wenn du vollkommen in Frieden und Harmonie mit dir bist? Wie fühlt es sich an, ein erfülltes Leben zu führen?

Dreikönigsnacht

6. Jänner

Beginne deinen Träumen mehr Energie zu schenken als deinen Ängsten und lass Wunder geschehen.

Nimm dir Zeit und reflektiere die letzten Tage.

„Wenn du immer versuchst, normal zu sein, wirst du niemals erfahren, wie besonders du sein kannst.«
– Maya Angelou

NACHT DER WUNDER

Die Rauhnächte sind nun zu Ende. Heute ist der letzte Tag aus dem Zyklus der Rauhnächte, wenn heute auch keine eigentliche Rauhnacht mehr folgt, dennoch ist der heutige Tag ein besonderer, nicht nur weil heute vielerorts ein Feiertag ist und viele noch frei haben; heute wird auch das Fest der Heiligen Drei Könige gefeiert.

Die heutige Nacht – die Nacht vom 5. auf den 6. Jänner – wird auch die „Perchtnacht" genannt. Es gibt noch weitere Bezeichnungen dafür, wie „Dreikönigsnacht", „Hollanacht" oder eben die „Nacht der Wunder".

Ein Brauch an diesem besonderen Tag ist es, dass Kinder, oder auch Erwachsene, verkleidet als Heilige Drei Könige mit einem Stern von Haus zu Haus gehen und singen. Die Sternsinger werden von der Pfarre ausgesandt und es wird für einen karitativen Zweck gesammelt. An manchen Häusern kann man das an der Jahreszahl sowie an der Hausinschrift über der Haustüre erkennen: „C + M + B" – das sind die Anfangsbuchstaben der Heiligen Drei Könige Caspar, Melchior und Balthasar.

Die Kürzel sind gleichzeitig ein Hinweis darauf, dieses Haus zu segnen und zu beschützen: „Christus mansionem benedicat!" (Christus segne dieses Haus!). Die meisten kennen diesen alten Brauch sicherlich, der auch heute noch ein fester Bestandteil in unserer Gesellschaft ist. Die weiße Kreide, die hierfür verwendet wird, soll Dämonen abhalten.

Ritual für den heutigen Tag:

Ritualgegenstände aufladen:
Wenn du Ritualgegenstände besitzt, bietet der heutige Tag eine ausgezeichnete Gelegenheit, diese energetisch aufzuladen.

Wie machst du das? Reinige die Steine zunächst unter fließendem Wasser. Ein Salbei-Stick ist ebenfalls eine effektive Methode, besonders um die Steine nach dem Kauf zu säubern. Zünde deinen Salbei-Smudge-Stick an und räuchere damit dein Ritualwerkzeug.
Anschließend lege die Steine unter freiem Himmel aus, sei es auf der Fensterbank, dem Balkon oder im Garten. Wähle den Ort, der sich für dich am stimmigsten anfühlt. Bitte nun um die Energien der „Nacht der Wunder", damit sie die Steine und Gegenstände aufladen und ihre Kraft darin verankern.
Zudem ist es hilfreich zu wissen, dass das Aufladen der Ritualgegenstände im Rhythmus der Mondin immer wieder eine wertvolle Gelegenheit bietet, sie energetisch zu reinigen und neu aufzuladen. Die verschiedenen Mondphasen können unterschiedliche Energien in deine Gegenstände bringen.
Beende das Ritual stets in Dankbarkeit.

Journaling-Fragen:

Nimm dir HEUTE an diesem besonderen Tag ZEIT, noch einmal alles zu reflektieren und die letzten Tage für dich Revue passieren zu lassen. Lies dir alle deine Notizen durch und schau, was du noch ergänzen möchtest und wo es für dich hingehen wird.
Stelle dir dazu folgende FRAGEN:

Wie hast du die vergangenen Tage erlebt? Wer oder was ist dir begegnet?
Gab es irgendwelche besonderen Ereignisse? Was könnten sie bedeuten?
Was durfte in dir HEIL werden?
Worin erkennst du das „gesamte Bild"?
Welches Thema hat dich die letzten 12 Tage besonders beschäftigt?
Was war das wiederkehrende Thema?
Gibt es einen roten Faden?
Welche Wörter, Begriffe, Satzfragmente, Sätze fallen dir spontan ein, wenn du auf die letzten 12 Tage zurückblickst?
Wie würdest du die 12 Tage in einem Satz zusammenfassen?

DIE 13 WÜNSCHE

Heute ist der Tag, an dem du dich dem 13-Wünsche-Ritual widmest. Egal, ob du nun heute die 12 Zettel verbrennst oder ob du das täglich gemacht hast, am Ende bleibt dir einer übrig. Begehe diesen Moment äußerst achtsam und feierlich, er soll etwas Besonderes sein.

Entzünde deine Kerze, mach es dir gemütlich, vielleicht mit einer Tasse Tee, vielleicht magst du auch Räucherwerk oder ätherisches Öl für das Ritual verwenden.

Gehe in die Stille und sorge für ein wundervolles Ritual in einer wunderschönen Atmosphäre.

Atme tief durch ...

Nun entfalte deinen Zettel der noch übrig ist: Das ist nun Deine Aufgabe für den Start ins neue Jahr.

Diesen Wunsch gilt es nun umzusetzen; wie du dies realisieren möchtest, steht dir vollkommen frei.

Das Universum wird dir dabei behilflich sein.
Frage dich gleich: Was ist der erste Schritt, den ich tun kann, um diesen wunsch Wirklichkeit werden zu lassen?

Schreib nun alles auf und starte noch heute oder morgen damit, es auch umzusetzen.

„Ziele zu setzen ist der erste Schritt, das Unsichtbare in das Sichtbare zu verwandeln."
– Anthony Robbins

„Auf jedes Ende folgt wieder ein Anfang, auf jedes Äußerste folgt eine Wiederkehr.“
– Lü Bu We

TAG DER HEILIGEN DREI KÖNIGE – ENDE DER REISE

Hier endet deine Reise – gleichzeitig hat sie auch einen Hauch von Neubeginn – alles ist ein ewiger Kreislauf. Die magischen Tore der Anderswelt schließen sich nun. Vielerorts sind heute die Sternsinger unterwegs und ziehen mit dem alten Brauch umher, um die Häuser zu segnen und zu schützen.

Deine Reise durch die Raunächte ist nun vollendet. Es waren magische Tage und sie waren allesamt sehr wertvoll für dich und deinen Übergang ins Neue.
Alle deine Aufzeichnungen können dir stets Inspiration sein, wenn du in deinem Jahr Orientierung brauchst. Auch wenn dir im Alltag mal wieder alles über den Kopf wächst, kannst du immer wieder den Weg zurückfinden. Visualisiere noch einmal deine Träume, denke an die wundervollen Begegnungen, die du in diesen magischen Tagen hattest, und an all die positiven Erkenntnisse. Nimm Kontakt mit der Zeit und der Botschaft der jeweiligen Rauhnacht auf und hole dir die Energie in dein Leben.

Sei achtsam mit all deinen Aufzeichnungen, sie sind unsagbar wertvoll für deinen Weg. Du kannst das Ganze auch so gestalten, dass du deine Aufzeichnungen immer zu den Neumondzeiten zur Hand nimmst und dir den jeweiligen Monat in Erinnerung rufst. Allein dass du dir deine Unterlagen zur Hand nimmst und darin schmökerst, kann dir helfen, eine Kurskorrektur vorzunehmen, denn oftmals ist es ja im Leben so, dass man seine Vorhaben, Wünsche und Herzensanliegen aus den Augen verliert. Ein Blick in die Notizen kann dich wieder „auf Kurs“ bringen und dich an deine wahre Mission erinnern.

Vergiss vor allem nicht deinen Wunsch, den du dir selbst erfüllen darfst. Die Erfüllung dieses besonderen Wunsches liegt nun in deiner Hand. Der Aufbruch ins neue Jahr wird die Samen aufgehen lassen, die wir in den Rauhnächten gesät haben. Manchmal wird es herausfordernd sein, diese zum Erblühen zu bringen, aber an diesen Herausforderungen wachsen wir, sie erteilen uns wichtige Lebenslektionen und lassen uns reifen. Sie machen uns einzigartig.

Es ist so schön zu wissen, dass du deinen Weg gewählt hast und die Rauhnächte für deine persönliche Entwicklung genutzt hast. Ich bin mir sicher, dass der eine oder andere Impuls für dich dabei war, und ich wünsche dir von Herzen, dass du dein Licht erstrahlen lässt für uns alle. Wir brauchen dich in deiner vollen Leuchtkraft! Wenn du in deiner vollen Pracht erblühst und erstrahlst, dann profitieren wir alle davon.

Es macht mich demütig, wenn ich daran denke, dass du jetzt diese Zeilen liest und das Buch bis zum Ende durchgegangen bist. Ich hoffe, du konntest aus dem Vollen schöpfen und von all den Möglichkeiten diejenige oder diejenigen umsetzen, die dir und deinem Wesen am meisten entspricht bzw. entsprechen. Damit gehörst du zu den Menschen, die in ihrem Leben die Dinge, die sie erkannt haben, auch tatsächlich umsetzen. Das ist großartig! Sei stolz auf dich und feiere dich dafür.

In Liebe
deine Michaela

„Und Jedem Anfang wohnt ein Zauber inne, der uns beschützt und der uns hilft, zu leben.“
- Hermann Hesse

NEUBEGINN UND AUFTAKT

Alles Neue beginnt mit dem ersten Schritt.

Meist beginnt es mit einem Gedankenimpuls, begleitet von einem Gefühl, und dann wird es zur Realität. Wie bereits bei den Heiligen Drei Königen erwähnt, ist es nun an dir, deinen Weg weiterzugehen und die ersten Schritte zu machen.

Das gilt vor allem für den 13. Wunsch, für dessen Verwirklichung du die Verantwortung trägst. Beginne damit, auf diesen Wunsch zuzugehen und aus dem Wunsch ein konkretes Ziel zu formen. Lass die Tage, in denen du dich von altem Ballast gelöst hast und so viele wundervolle Samen für das NEUE gesät hast, in Liebe und Dankbarkeit ziehen. Bleibe aber am Ball und gehe beständig deinen Weg.
Dabei kann der weibliche Weg – im Einklang mit der Natur und dem Rhythmus der "Mondin" – eine wertvolle Unterstützung sein. Gehe mit dem Fluss, go with the flow.

„DER LANGSAMSTE, DER SEIN ZIEL NUR NICHT AUS DEN AUGEN VERLIERT, GEHT IMMER NOCH GESCHWINDER ALS DER, DER OHNE ZIEL HERUMIRRT. “ –

Gotthold Ephraim Lessing

Tipps und Inspirationen

Rezepte, Einkaufsliste und Co

TIPPS UND INSPIRATIONEN

Du möchtest mehr über die Rauhnächte erfahren und verschiedene Möglichkeiten nutzen, um in diese besondere Zeit einzutauchen? Es gibt verschiedene Angebote wie das "Magic - Rauhnächte Retreat" mit Live Sessions und das "Deep Healing Meditation Package". Hier ist eine Einladung zum Rauhnächte – Online Retreat:

Vor zwei Jahren spürte ich den tiefen Wunsch, ein Buch über die Rauhnächte zu verfassen. Zu jenem Zeitpunkt ahnte ich noch nicht, dass zuerst ein Online-Kurs zu diesem Thema entstehen würde. Manchmal nimmt das Leben unerwartete Wendungen, und durch äußere Impulse wurde zuerst der Kurs ins Leben gerufen und erst ein Jahr darauf das Buch. Ich war mir von Anfang an bewusst, dass ich mit diesem Wissen vielen Menschen helfen könnte. Die Rauhnächte bieten eine wunderbare Gelegenheit, sich selbst besser kennenzulernen und Klarheit sowie Leichtigkeit in das eigene Leben zu bringen.

Falls du den Wunsch verspürst, diese einzigartige Zeit in Gemeinschaft zu erleben und dich mit anderen Interessierten auszutauschen, lade ich dich herzlich dazu ein. Als treue Leserin erhältst du einen speziellen Rabattcode, den du im Bonusbereich des Buches finden wirst.

Um diesen Bonus zu nutzen, melde dich einfach im Downloadbereich an. Dort findest du im Leserbonus-Bereich deinen persönlichen Gutschein. Ich freue mich darauf, dich dort zu treffen!

Solltest du jedoch den Wunsch haben, die Rauhnächte alleine zu durchleben, so wünsche ich dir zahlreiche magische Augenblicke und wertvolle Erkenntnisse auf deinem Seelenpfad.

Sonnige Herzensgrüße auf diesem Weg sendet dir

Michaela Lamprecht

„SCHAU TIEF IN DIE NATUR, UND DANN WIRST DU ALLES BESSER VERSTEHEN."

Albert Einstein

RÄUCHERMISCHUNGEN – REZEPTE ZUM SELBSTHERSTELLEN

Wenn du ein gutes Gespür für dich selbst hast, dann kannst du dir intuitiv deine eigene Rauhnacht-Räuchermischung herstellen. Konzentriere dich innerlich auf das jeweilige Thema der Rauhnacht und wähle intuitiv aus dem Bauch heraus die Räucherkräuter und Räucherharze aus.

Wenn du es dir eher nicht zutraust, kannst du auf bewährte Mischungen zurückgreifen und dir fertige Räuchermischungen kaufen oder eines der Rezepte austesten.

So stellst du deine Rauhnacht-Räuchermischung her:

Deine ausgewählten Räucherkräuter und Harze vermengst du nun in einer kleinen Schüssel zu einer Räuchermischung. Gröbere Kräuter wie Engelwurzel oder Räucherharze wie Weihrauch und Damar werden im Mörser zerkleinert und anschließend zu den Kräutern gegeben. Dies ist zwar nicht zwingend notwendig, verbessert jedoch die Homogenität der Mischung und das Duftergebnis wird gleichmäßiger. Alles gut mischen und schon ist deine Rauhnacht-Räuchermischung fertig!

REINIGENDE UND KLÄRENDE RÄUCHER-MISCHUNG:

SALBEI ist reinigend und aufbauend. Entfernt schlechte Energien und steht für Neubeginn.
WACHOLDER hilft uns, Chancen wahrzunehmen und zu erkennen, erweckt die Intuition. Hält negative Einflüsse ab und schützt vor negativer Beeinträchtigung von außen.
THYMIAN ist ein Herzöffner, stärkt die Energie, wirkt aufbauend bei trüben Gedanken und Antriebslosigkeit. Reinigt und desinfiziert die Räume.
BEIFUSS hilft, Altes loszulassen und Entscheidungen zu treffen, sehr hilfreich bei Übergangsritualen.
LAVENDEL reinigt und desinfiziert die Luft und beruhigt, entspannt und hilft beim Loslassen von belastenden Gefühlen.
KÖNIGSKERZE wirkt stimmungsaufhellend, löst negative Spannungen auf.

SEGNENDE RÄUCHERMISCHUNG:

ROSENBLÜTEN stärken das Herzzentrum und bringen eine liebevolle, sinnliche Atmosphäre in den Raum. Sie fördern harmonische Beziehungen und stärken die Liebe zu dir und zu anderen.
PALO SANTO öffnet das Herz und sorgt für innere Balance.
MÄDESÜSS wirkt tröstend und heilend.
YSOP wirkt aufbauend, segnend und vermehrt positive Energie.
MYRRHE ist hilfreich, um Altes loszulassen. Sie unterstützt beim Heilen seelischer Wunden und hilft zu verzeihen. Sie erdet und schenkt wärmende und tröstende Energie.
WEIHRAUCH klärt den Geist und hilft in Zeiten des Wandels, stellt das seelische Gleichgewicht wieder her, Trostspender, Energiebringer, löst starre Denkmuster auf, befreit von Zukunftsängsten und Sorgen.

RÄUCHERKEGEL-REZEPT FÜR DIE RAUHNÄCHTE:

75 g Mischung Rauhnächte-Räucherkegel selbst machen:
30 g Weihrauch (evtl. gemahlen)
30 g Myrrhe
15 g Engelwurz oder Angelika
3 große Löffel Beifuß
3 Löffel Johanniskraut oder Königskerze
2 Löffel Gummiarabikum (sorgt dafür, dass sich die Kräuter gut verbinden)

Zubereitung:
Alles miteinander vermischen und mit dem Mörser anstoßen, 2 große Löffel Wasser hinzufügen, alles vermengen und kleine Kugeln formen.

Die Räucherkugeln etwa einen Tag durchtrocknen lassen. Fertig! Man kann die Räuchermischung auch einfach so räuchern.

SALZBAD MIT ÄTHERISCHEN ÖLEN:

Salzbad mit 500 g Totes-Meer-Salz und 5 Tropfen ätherischem Öl deiner Wahl.
Für dein Badesalz das ätherische Öl mit dem Salz vermischen. Wenn du es etwas pflegend haben möchtest, kannst du noch 1 EL Oliven- oder Jojobaöl beimengen und fertig ist dein Badevergnügen.

Jetzt nur noch Wasser in die Wanne lassen, die Mischung hineingeben, entspannen und genießen!

RAUMSPRAY-REZEPT:

Für einen Raumspray benötigst du eine Sprühflasche von 100 ml Inhaltsgröße.

Weiter brauchst du 80 ml eines geruchlosen Alkohols mit ca. 70 % Volumenalkohol (du kannst auch Wodka neh-

men), diesen füllst du in deine Sprühflasche.
Den vorhandenen Platz füllst du mit Wasser auf, ca. 10 ml sollten es sein.
Zum Schluss fügst du noch ca. 60 Tropfen deines gewünschten ätherischen Öles oder deiner Ölmischung hinzu.

Jetzt alles gut schütteln und fertig ist der Raumspray!

EINKAUFSLISTE

- schönes Notizbuch
- Räuchermischungen und/oder Salbei-Smudge-Stick
- Räucherschale/Räucherkohle/Räuchersand/Räucherzange
- alternativ ein Räucherstövchen mit Sieb und Kerze
- Schönes für deine "Me-Time" Zone oder für den Altar (sofern gewünscht): Kerzen, Heilsteine etc.
- Orakelkartenset - wenn du Kartenlegen bzw intuitiv Orakeln möchtest
- Schachteln/Dosen für die 13 Wünsche (kann auch ein Rexglas sein)
- alte Zeitschriften, Kleber, Papier (evtl. Keilrahmen), Schere für dein Visionboard
- evtl. ätherische Öle (Achtung: verwende gute hochwertige Therapieöle und keine Duftöle!)

Ritual für inneren Frieden und Dankbarkeit

Segen senden

Ich habe vor einigen Jahren für meine Kinder ein Buch gekauft von Bärbel Mohr: „Der Wunschfänger-Engel“. In diesem Buch gibt es eine Übung, die ich mit meinen Kindern am Abend vor dem Schlafengehen zelebriert habe. Sie liebten diese Übung und freuten sich immer bereits darauf, am Abend all jenen Menschen Licht und Liebe zu senden, die sie ausgewählt hatten, sowie anschließend allen Wesen auf der ganzen Welt.

Im Folgenden möchte ich dir eine leicht abgeänderte Form dieser Segen spendenden Übung weitergeben:

Nimm dir Zeit, um dich zu besinnen, und stelle dir dein inneres Licht vor, wie es nach außen zu strahlen beginnt.
Stelle dir vor, wie aus deinem Bauchraum oder aus deinem Herzen ein Lichtstrahl entspringt.
Nun denke an alle Personen, die dir nahestehen, und sage:
Liebe „NAME“, ich segne dich.
Mögest du glücklich und zufrieden sein.
Mögest du frei von Ärger und Sorgen sein.
Es ist schön, dass es dich gibt.

Zum Abschluss kannst du dies dann auch den Menschen wünschen, die dir nicht nahestehen, sowie allen Lebewesen im Universum.

„Nicht die Glücklichen sind dankbar.
Es sind die Dankbaren, die glücklich sind.“

Francis Bacon

Anhang

Danksagung und Quellenhinweise

ANHANG

Quellennachweis und weiterführende Literatur

Berk, Susanne: Einfach Räuchern

Fuchs, Christine: Räuchern in Winterzeit und Raunächten

Giebert-Schöder, Vera, und Franziska Muri: Vom Zauber der Rauhnächte

Hering, Annett: Die Rauhnächte

Hopkins, Cathy: Aromatherapie

Keyte, Geoffrey: Die geheimnisvolle Kraft der Edelsteine und Kristalle

Puhlmann-Kohn, Angelika Maria: Rauhnächte die magischen Portaltage

Ruland, Jeanne: Das Geheimnis der Rauhnächte

Samel, Gerti, und Barbara Krähmer: Düfte der Natur Heilessenzen und Aromaöle

Samel, Gerti, und Barbara Krähmer: Heilende Energie der ätherischen Öle

Ware, Bronnie 5 Dinge, die Sterbende am meisten bereuen

Whitton, Shirley: Ätherische Öle & Essenzen

Gabriela Stark: https://www.satureja.com/i/enzyklopaedie-der-duefte

Räucherwerk, Kristalle und die wundervollen "Soulwhisper" Geschenkboxen findest du bei: myhappysoul.at

DANKSAGUNG

Alles beginnt mit einer Idee, und wenn du zur richtigen Zeit den Samen säst, wird er auch aufgehen.
Mit diesen Worten möchte ich mich bei meiner Familie bedanken, die mich immer auf meinem Weg unterstützt und hinter mir steht. Ebenso meinen Eltern, Geschwistern und Freunden, die mich so annehmen und lieben, wie ich bin – ein wenig „verrückt" und „anders" eben.
Ganz besonders danke ich meinem Mann, der mir immer wieder den Rücken freihält und mich auf meinem Weg begleitet.
Mein Dank gilt auch all jenen, die tatkräftig dabei geholfen haben, dass ich dieses Buch mit dir teilen kann. An dieser Stelle möchte ich ganz besonders meiner Lektorin danken, die dafür gesorgt hat, all meine Schreibfehler auszumerzen und meinem Buch den letzten Feinschliff zu geben.

Und nun zu dir: Ich möchte auch dir danken für dein Vertrauen, denn ohne dich könnte meine Idee keine Früchte tragen. Wenn du die Zeit der Rauhnächte Jahr für Jahr für dich nutzt und deine wahre Essenz immer mehr zum Strahlen bringst, bist auch du ein Teil meiner Idee und Vision, denn je mehr Seelen ihr Licht zum Leuchten bringen, umso heller wird es auf dieser Erde, und genau das wünsche ich mir für alle Menschen auf diesem so wundervollen Planeten. Ich danke dir von Herzen!
Schreibe mir auch gerne direkt eine Nachricht, wie es dir mit den Rauhnächten ergangen ist.
Du findest mich auf Facebook unter Michaela Lamprecht.

Ich freue mich!

Love & Shine Michaela

ÜBER DIE AUTORIN

Michaela Lamprecht bezeichnet sich selbst al "Createurin". Sie liebt es sich ständig weiterzubilden. Mit ihrem breit gefächertem Wissen hilft sie anderen auf dem Weg zur Selbstverwirklichung. Ihre zertifizierte Ausbildung zur Kräuterpädagogin war ihr beim Umsetzen dieses Werkes sehr hilfreich. Seit Jahren durchläuft sie selbst die Rauhnächte, um sich auszurichten und alte Verletzungen und Muster loszulassen. Dieses Wissen gibt sie in Ihrem Buch und Ihrem Kurs weiter.

Sie liebt es Ihr Wissen und Ihren Erfahrungsschatz in ihren Büchern, Kursen und Mentoring Programmen weiterzugeben, um Frauen wie dir zu helfen, Ihr Leben selbst in die Hand zu nehmen und daraus ein Leben voller Freude, Leichtigkeit und Fülle zu erzielen.

Eine ihrer größten Gaben ist es in jedem und allem immer das Gute und die Großartigkeit zu erkennen. Mehr zu ihrer Arbeit und ihrem Wirken findest du auf: www.michaelalamprecht.at

Weitere Bücher & Kartenset der Autorin

Bring mehr Happy in dein Leben!

GLÜCKLICH SEIN...IST DEIN GEBURTSRECHT...
Und am Ende werden wir sehen und staunen.
Glücklichsein ist kein glücklicher Zufall, sondern eine bewusste Entscheidung!

Viel zu viele Frauen unter uns sind unglücklich und mit dem Leben nicht mehr so zufrieden. Das wiederum färbt auch auf das Umfeld ab. Dabei sind Lebensglück und Lebensfreude nur einen kleinen Schritt entfernt.

ISBN-10: 3951984724
ISBN-13: 978-3951984728

Jeden Tag mehr Freude und Glück

Das Tagebuch zu deiner Happy-Life-Routine
ROUTINEN ENTWICKELN – FREUDVOLL LEBEN – DANKBAR SEIN

Es ist nie zu spät, um dem Leben eine neue Richtung zu geben. Mit diesem kreativ gestalteten Tagebuch hältst du ein Werkzeug in Händen, das dir helfen wird, Routinen zu entwickeln, welche dir mehr Freude, Glück und Dankbarkeit in dein Leben bringen werden.

ISBN-10: 3951984724 Taschenbuch
ISBN-13: 978-3951984728 Hardcover

Seelentor

Das Rauhnächte Orakel

Entdecke das Seelentor Rauhnächte Orakel – dein Schlüssel zu verborgenen Botschaften der Seele. Lass dich von der Magie der Rauhnächte verzaubern und öffne das Tor zu tiefer Intuition und Erkenntnis.

Dieses Set mit 48 Karten und einem Begleitbuch ist mehr als ein Orakel, es ist ein Wegweiser für deine Seele. Jetzt neu und bereit, dich auf deiner Reise zu begleiten! Demnächst erhältlich auf Amazon.

ISBN 978-3-95198-479-7

Es ist nicht genug zu wissen –
man muss auch anwenden.
Es ist nicht genug zu wollen –
man muss auch tun.

Johann Wolfgang von Goethe

LUNAS REISE VOM KÄFIG DES ZWEIFELS ZUM LICHT DER ERKENNTNIS

In einem abgelegenen Dorf, umgeben von nebelverhangenen Wäldern, lebte Luna. Sie fühlte sich in ihrem Leben eingeengt und sehnte sich nach Veränderung. Die bevorstehenden Rauhnächte, bekannt für ihre transformative Kraft, boten ihr die Gelegenheit zur inneren Arbeit. In der ersten dieser Nächte meditierte Luna, stellte sich vor, wie sie die unsichtbaren Fesseln, die sie zurückhielten, löste und fühlte sich mit jeder Vorstellung freier.

In den folgenden Nächten vertiefte sie ihre Meditationen, suchte in alten Schriften nach Weisheiten und verband sich mit der Natur. Während dieser Zeit erkannte sie ihre tiefsten Seelenwünsche und stärkte ihre Intuition.

Sie verstand, dass ihre Ängste und Unsicherheiten die wahren Fesseln waren, die sie festhielten. Als die letzte Rauhnacht kam, war Luna transformiert. Sie hatte nicht nur ihre innere Kraft entdeckt, sondern auch verstanden, dass wahre Transformation ein ständiger Prozess ist und dass unser inneres Licht mit jeder Erfahrung heller strahlt.

So wie in der Geschichte von Lunas Reise durch die Rauhnächte Ihre Veränderung, ein Prozess der ständigen Entwicklung und Erneuerung war, so ist auch unser eigener Weg ein fortwährender Prozess.

Mit jeder Erfahrung, mit jeder Herausforderung und mit jeder Entwicklung, die wir durchmachen, kommt das innere Licht immer mehr zum Vorschein und erleuchtet unseren Weg.

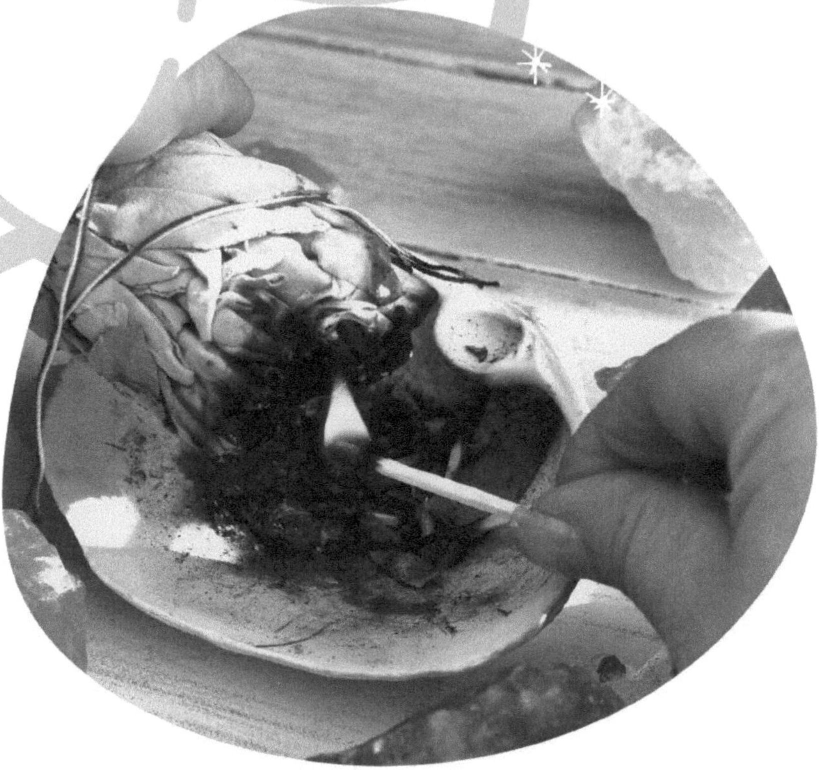

"YOUR SACRED SPACE IS
WERE YOU CAN FIND YOURSELF
AGAIN AND AGAIN."

Joseph Campbell

EXKLUSIVE BONUSSEITE ZUM BUCH

Zu diesem Buch gibt es auch noch weiter nützliche und hilfreiche Tipps und Tools, die dir helfen können, deine Reise in den Rauhnächten voller Liebe und Freude zu durchlaufen.
Als Leserin bekommst du einen Bonus auf den Kurs zum Buch. Es gibt eine Räucherkräuterliste zum Download, ein Videoanleitung wie man richtig räuchert, Links zu Bezugsquellen für Räuchermaterial und ätherischen Ölen und weiter Vorteile.
Schau einfach rein und mach dir selbst ein Bild davon.

Als Zugang brauchst du das Passwort: MAGISCH

Über den Link:
https://michaelalamprecht.at/buchbonus-rn/
oder einfach scannen:

Ich wünsche dir viel Freude und Spaß bei deiner Reise und all den Informationen, Tipps und Dingen die dir, wie ich hoffe, auf deiner Reise eine gute Unterstützung sein können.
In Verbundenheit
Michaela

Ich wünsche dir eine magische Reise!